游学
YOU XUE
QUFU

彭门创作室出品

曲阜

主编
彭庆涛

山东画报出版社
济南

图书在版编目（CIP）数据

游学曲阜 / 彭庆涛主编 . -- 济南：山东画报出版
社 , 2024. 9. -- ISBN 978-7-5474-5099-4

Ⅰ . K295.23

中国国家版本馆 CIP 数据核字第 20249RR469 号

YOUXUE QUFU

游学曲阜

彭庆涛　主编

责任编辑：梁培培
装帧设计：桓永亮

主管单位：山东出版传媒股份有限公司
出版发行：山东画报出版社
　　　　　社　　　址　济南市市中区舜耕路 517 号　邮编 250003
　　　　　电　　　话　总编室（0531）82098472
　　　　　　　　　　　市场部（0531）82098479
　　　　　网　　　址　http://www.hbcbs.com.cn
　　　　　电子信箱　hbcb@sdpress.com.cn
印　　刷：济宁华兴印务有限责任公司
规　　格：140 毫米 ×203 毫米　32 开
　　　　　4 印张　100 千字
版　　次：2024 年 9 月第 1 版
印　　次：2024 年 9 月第 1 次印刷
书　　号：ISBN 978-7-5474-5099-4
定　　价：28.00 元

一个国家、一个民族的强盛，总是以文化兴盛为支撑的，中华民族伟大复兴需要以中华文化发展繁荣为条件。对历史文化特别是先人传承下来的道德规范，要坚持古为今用、推陈出新，有鉴别地加以对待，有扬弃地予以继承。

——2013 年 11 月 26 日习近平总书记在山东曲阜考察时的讲话

《游学曲阜》编委会

目　录

德配天地
道冠古今
刪述六經
垂憲萬世

曲阜概况

曲阜这一称谓，与地理地貌、自然环境有着密切的关系。《尔雅·释地》说："大陆曰阜。"东汉应劭曰："曲阜在鲁城中，委曲长七八里。"这便是"曲阜"名称的由来。

以"三皇五帝"为代表的传说人物，多与曲阜有着密切的联系。种种迹象表明，曲阜一带是原始文明的重点区域。

商代时，曲阜名"奄"，商王南庚迁都于此。盘庚迁殷（河南安阳）后，此地成为商王朝重要的东方陪都。

据《史记·鲁周公世家》记载："封周公旦于少昊之虚曲阜。"周武王伐纣灭商后，封他的弟弟周公姬旦于"少昊之虚"曲阜，立国为"鲁"，镇守东方。周公因天下未靖，留佐武王。以其长子伯禽代为赴鲁就封。从伯禽为第一代鲁公起，至公元前 249 年楚灭鲁止，曲阜作为鲁国都城，历时长达近 800 载，成为当时除王都镐京以外文化最发达的城市和东方政治、经济、文化、教育的中心。

春秋末期，我国伟大的思想家、教育家、政治家孔子就出生在这里。

进入战国时期，鲁国则日益衰弱，疆土领地一削再削，春秋末年尚有"革车千乘"，到鲁穆公姬显时，则降为小国之流。

公元前 249 年，鲁被楚所灭，地入楚，设鲁县。此即曲阜建县之始。

公元前 223 年，秦灭楚，县入秦，为秦之鲁县。

公元前 221 年，秦统一六国，推行郡县制。鲁县属薛郡，郡治设在曲阜，隶徐州部。

楚汉战争之初，楚怀王封项羽为鲁公。

汉高祖七年（前 200）此地仍名鲁，下属鲁、卞、汶阳、蕃、驺、薛 6 县。至吕后元年（前 187）以其地封鲁元公主子张偃为鲁王，改鲁县为鲁国。张偃坐罪废为侯，鲁国亦随之废除。景帝三年（前 154）又将淮阳王刘余封于此，是为鲁恭王，仍号鲁国，隶徐州，仍辖鲁、卞、汶阳、蕃、驺、薛 6 县。

东汉时期，曲阜一带仍设置一郡三国。

东汉建武二年（26），光武帝封刘兴为鲁王。鲁国属豫州，都鲁县。刘兴被徙为北海王。建武十七年（41），郭太后被废，皇太子刘强戚戚不安，请备藩国。十九年（43），光武帝诏封刘强为东海王。东海国领原鲁国的 6 县和东海郡的 23 县、侯国。国都设鲁县，自此原鲁国始改为东海国。

魏黄初二年（221）正月，废鲁国，置鲁郡，以鲁县为郡治。至南北朝时仍以鲁郡治。

隋文帝开皇四年（584），诏改鲁县为汶阳。开皇十六年（596），又诏改县名为曲阜。

宋大中祥符五年（1012），诏改曲阜县名为仙源县。

金太宗天会七年（1129），改仙源县为曲阜县。

元代，曲阜县隶属于济宁路管辖。

明正德六年（1511），河北刘六、刘七领导的农民军攻占曲阜城，移营阙里孔庙，"秣马于庭，污书于池"。朝廷为保护圣迹，"移城卫庙"，工程于正德八年（1513）兴工，至嘉靖元年（1522）竣工。新建砖城周长 4.8 千米，高 6 米，每面各有城门，上筑重檐城楼，外环设护城河，即现存曲阜明故城规模。

清代，曲阜地方建制与明代略同。

民国时期，曲阜实行县自治，初属北洋政府岱南道，后隶济宁道。

第一批中国历史文化名城——曲阜

1928 年，改属南京政府，隶属山东省管辖。

日本侵略军占领曲阜后，县隶属伪山东省鲁西道。

1940 年，改属伪兖济道。

1945 年，日本投降后，与泗水并称曲泗县。

1946 年，曲、泗分治。

1948 年，隶属鲁中南行政公署第四专员公署。

1953 年，隶属济宁专员公署。

1983 年，济宁专署改为省辖市，曲阜仍隶属济宁市。

1986 年，经国务院批准，撤县制，改为省辖县级市，始称曲阜市，属济宁市代管。

截至 2023 年底，曲阜市辖 4 个街道 8 个镇：鲁城街道、书院街道、时庄街道、小雪街道、吴村镇、姚村镇、陵城镇、尼山镇、息陬镇、王庄镇、石门山镇、防山镇。常住人口约 62 万人。

曲阜是国务院首批公布的全国 24 座历史文化名城之一，是我国古代伟大的思想家、教育家、政治家、儒家学派创始人孔子的故乡，是人文始祖轩辕黄帝的诞生地，具有丰厚的文化底蕴和清晰的历史文化脉络。现有文物古迹 819 处。各级重点文物保护单位 208 处，其中全国重点文物保护单位 13 处，山东省级文物保护单位 55 处。曲阜孔庙、孔林、孔府（简称"三孔"）是世界文化遗产。

明故城

　　曲阜明故城，位于曲阜鲁故城的西南隅，即现在我们可看到的市内城墙部分，略呈方形。东城墙长 1.2 千米，西城墙长 0.7 千米，北城墙长 1.5 千米，南城墙长 1.4 千米，周长 4.8 千米。城墙高 6 米。曲阜明故城始建于明正德八年（1513），落成于嘉靖元年（1522）。

　　曲阜明故城的设立，是明代为保护孔庙、孔府而建，与历史上的动乱有着密切的关系。在没有此城的宋元时期，曲阜城位于古鲁城的东部，名仙源县城，即今旧县所在地。明正德五年（1510）十月，河北刘六、刘七在霸州发动起义，数千农民响应。次年，起义军由河北攻入山东。对阙里孔庙、孔府造成了极大冲击和破坏，同时也对孔氏族人造成了伤害。按察使司金事潘珍上奏朝廷建城卫庙，得到了恩准，命司空筹备人工及材料，于正德八年（1513）开始动工。用丁夫万人经过近 10 年的城建，以孔庙、孔府为中心的新城终于落成。新城时有五门，东门名"秉礼门"，东南门名"崇信门"，正南门名"仰圣门"，西门名"宗鲁门"，北门名"延恩门"，各门都筑有深阔的瓮城，城门上建有歇山重檐式的城楼。

　　如今的城墙是 2004 年按原址复建的。在明故城原址的基础上新开辟城门 7 座，城墙外还建成一条长达 6 千米的环城水系公园，在城墙内修复石板马道，形成了民俗旅游线，使整个明故城形成一个与孔庙、孔府等古建筑风格一致、协调一体的历史文化景区，成为特色突出、风貌古朴的文物城、文化城、旅游城。

孔庙

孔庙，是祭祀我国春秋末期著名的思想家、教育家、政治家、儒家学派的创始人孔子的庙宇，与北京的故宫、河北承德的避暑山庄并称为"中国三大古建筑群"。

孔庙南北长约 1130 米，占地面积约 15 万平方米。整个建筑群包括 5 殿、1 祠、1 阁、1 坛、2 庑、2 堂、17 座碑亭、53 座门坊，共有建筑 100 余座 460 余间，分别建于金、元、明、清和民国时期。庙内碑刻林立，存有唐、宋、金、元、明、清历代碑刻 1500 余座。庙内古木参天，郁郁葱葱，有古树千余株，与宏伟的建筑群相互辉映。[①]

孔庙这组具有东方特色的庞大建筑群，面积之大，时间之久，保存之完整，被古建筑学家称为世界建筑史上的孤例。它集建筑、书法、石刻等艺术于一体，是我国古代劳动人民智慧的结晶，是珍贵的历史文化遗产。1961 年被国务院公布为第一批全国重点文物保护单位，1994 年被联合国教科文组织列入世界文化遗产，2007 年被国家旅游局授予全国首批 5A 级景区。

前部建筑

◆ 万仞宫墙

万仞宫墙，原名仰圣门，它既是孔庙外的大门，也是明、

---

① 数据资料源自济宁党史史志网《儒家文化遗存》，2020 年 10 月 20 日发布。

孔庙鸟瞰图

万仞宫墙

清时期曲阜县城的正南门。明故城落成后，山东巡抚胡缵宗题写了"仰圣门"三字，并刻成石额镶上。清乾隆十三年（1748），皇帝亲谒曲阜孔庙祭孔，把原来的匾额换成了自己书写的"万仞宫墙"四字，以显示对孔子的尊崇。原仰圣门匾额被移镶于北门上。

"万仞宫墙"一词源于《论语·子张》。据载，鲁国大夫叔孙武叔在朝中夸赞子贡说："子贡的学问很深，比他的老师仲尼还要强些。"子贡听说后，就打了一个比方："人的学问好比宫墙，我家的围墙只有肩膀那么高，谁都可以探望到房屋的美好。我老师的这道墙有好几仞高，如果找不到大门走进去，就无法看到里面宗庙的雄伟、房舍的富丽堂皇。"仞，古代的计量单位，以八尺或七尺为一仞，相当于现在的两米多。子贡以"数仞"来比喻孔子的学问，后人又增至"万仞"，以称颂孔子的思想博大精深。

孔庙金声玉振坊

◆ 金声玉振坊

金声玉振坊，是一座石制牌坊，建于明嘉靖十七年（1538）。该坊为三间四柱冲天式，高5.6米。"金声玉振"源于《孟子·万章下》。"孔子之谓集大成。集大成也者，金声而玉振之也。金声也者，始条理也；玉振之也者，终条理也。"意思是说，孔子集圣贤之大成，始终合一。"金声玉振"四字为明代山东巡抚胡缵宗手迹，坊后有一座单孔石桥，上设龙陛，名曰"泮水桥"。旧时桥下泮水上游接古泮池，下游流经明城正南门入护城河。

◆ 棂星门坊

棂星门坊，建于明代永乐十三年（1415），原为木结构，清乾隆年间衍圣公孔昭焕重修孔庙时，改为石柱铁梁。中刻"棂星门"三字，又刻玉玺方印，系乾隆皇帝手书。棂星，即灵星，又名天田星、天镇星，是古代所谓的"文星"。古人认为灵星"主得士之庆"，凡祭天先祭灵星。此坊以此命名，表示尊孔如尊天。

◆ 太和元气坊

太和元气坊，建于明嘉靖二十三年（1544），造型与金声玉振坊同。"太和元气"四字为明朝进士、时任山东巡抚曾铣手书。

◆ 至圣庙坊

至圣庙原名宣圣庙，始建年代不详，明弘治十六年（1503）的庙图上已有宣圣庙。清雍正七年（1729）改为至圣庙。此坊为汉白玉石制。

◆ 德侔天地坊　道冠古今坊

在孔庙的第一进院落内的东西两侧，各有一架牌坊，东为"德

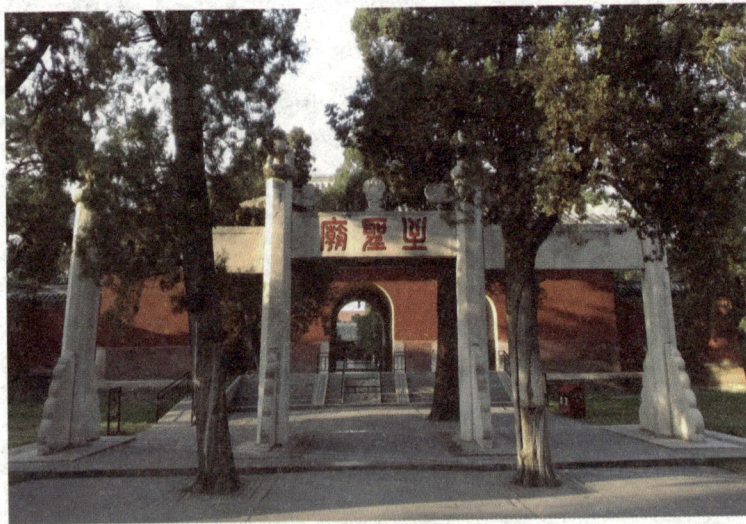

孔庙至圣庙坊

侔天地",西为"道冠古今"。此二坊建于明永乐十三年（1415），
清雍正七年（1729）重修。

◆ 圣时门

圣时门，是明代孔庙的第一道大门，建于明永乐十三年
（1415），弘治十二年（1499）扩建，清雍正八年（1730）皇帝
赐名为"圣时门"。此门立于1米多高的台基之上，中设拱门3间。
"圣时门"三字为乾隆皇帝手书。

"圣时"二字源于《孟子·万章下》。孟子曰："伯夷，圣
之清者也；伊尹，圣之任者也；柳下惠，圣之和者也；孔子，圣
之时者也。"意思是说，在圣人之中，孔子是最适合时代的。

◆ 璧水桥

进圣时门，豁然洞开，迎面3座拱桥纵跨，一水横穿，整个
院落显得威严而雅静。桥皆以砖石券拱。环水有雕刻精美的石栏，

孔庙璧水桥

因水"壅绕如璧",故名"璧水",桥因而得名"璧水桥"。璧水桥始建于明永乐十三年(1415),弘治十二年(1499)增添桥体石栏,清康熙十六年(1677)改建河体石栏杆。

院内东西两侧各有腰门,东为快睹门,西为仰高门。"快睹"寓先睹为快之意;"仰高"出自《论语·子罕》"仰之弥高,钻之弥坚"。此二门建于明代弘治十二年(1499)。

◆ 弘道门

弘道门,始建于明洪武十年(1377),当时是孔庙的正门。弘治十七年(1504)修建时,由3间改为5间,清代又重修。弘道门初名"天阶门",后来,雍正帝钦定为"弘道门",乾隆皇帝题写"弘道"二字,竖匾立于门额。

"弘道",源于《论语·卫灵公》"人能弘道,非道弘人"。此处借"弘道"二字,赞扬孔子阐发了尧舜禹汤和文武周公之道,集先圣先王之大成。

孔庙弘道门

◆ 大中门

大中门，始建年代不详，宋元时期孔庙的正门，明弘治年间重修，清代重建，门上匾额系乾隆皇帝题写。该门原名"中和门"，后改为"大中门"。面阔5间，较弘道门狭长，绿琉璃瓦覆顶。

"大中"是赞扬孔子和儒家的"中庸之道"。"中庸之道"即不偏不倚，能够独立存在的天下唯一之正道。

大中门两侧各有绿瓦拐角楼1座，各3间，平面作曲尺形，建在方形高台之上，台的内侧有马道可以上下。此两角楼与孔庙东北、西北两角楼构成一个巨大的长方形，以供守卫之用。此角楼仿造宫廷皇城角楼而建，意味着孔庙如同皇宫一样威严。

◆ 同文门

入大中门，迎面看到的大门即为同文门。面阔5间，进深2间，清代初期该门被称为"参同门"，雍正八年（1730）改为现名。该门四周不与墙垣相接，是独立的大门。

"同文"二字出自《礼记·中庸》"今天下车同轨，书同文，行同伦"。意为统一标准、统一语言文字、统一思想文化，使整个人类思想都统一到儒学上来。

◆ 奎文阁

过同文门，一座高阁拔地而起，整个建筑巍峨壮观，阁前顶檐下，群龙护绕着一块木匾，上书"奎文阁"三个大字，系乾隆皇帝题写。

奎文阁是中国古代十大名阁之一。始建于宋天禧二年（1018），原名"藏书楼"，金明昌二年（1191）重修时改名为"奎文阁"。明弘治十二年（1499），孔庙遭遇雷火，奎文阁被大火焚烧，于次年开始重修扩建，至弘治十六年（1503）完工，共3层7间。上层收藏历代皇帝所赐的经书和墨迹；中层是暗层，收藏印版；下层收藏历代皇帝祭孔时使用的香帛、祝版等物品。奎

孔庙奎文阁

文阁东西面阔约 30 米，歇山黄琉璃瓦覆顶，三重飞檐，四层斗拱。

　　20 世纪 80 年代初，奎文阁因历年久远，加之多年失修，有些木质糟朽，阁上方扭斜。为保护文物古迹，由国家文物局主持，并组织古建筑专家联合拟出修复方案，在保持其原貌的基础上，对奎文阁进行了维修。

◆ **斋宿所**

　　在奎文阁前的东西两边各有一座独立的庭院，称"斋宿所"，是祭祀孔子前参与祭祀的人员斋戒沐浴的地方。东斋宿为主祭官斋宿所；西斋宿为司斋宿所。

◆ **明代御碑**

　　在奎文阁稍前的东西两侧有 4 座明代御碑，东为成化碑、洪武碑，西为弘治碑、永乐碑。洪武碑、永乐碑因火灾被毁，于弘治十六年（1503）按原碑重立。这些石碑通高 6 米多，宽 2 米多，

孔庙成化碑

上面碑额雕饰盘龙，绕日回旋，栩栩如生；下面驮碑的动物是一种似龟非龟的动物叫赑屃，俗称龟趺，这种石刻形式也被称为"龟驮碑"。

在这些石碑中，成化碑最为著名，立于成化四年（1468），是孔庙中体积最大的石碑。碑文将孔子思想评价到至高的地位，认为有孔子之道则有天下，无孔子之道则无天下。文中曰："朕惟孔子之道，天下一日不可无焉。"极力强调孔子思想是治国安邦不可缺少的重要支柱。整通碑书体端庄，结构严谨，成为正楷书法临摹的典范。

◆ 十三碑亭

过奎文阁，是一进东西狭长的院落，耸立着13座古色古香的亭子，高大的亭子分成两行排列，南八北五。大多以赑屃作趺，习称"十三御碑亭"，简称"十三碑亭"。其中，南排中间两座分别建于元至元五年（1268）和元大德六年（1302）。元代碑亭两侧的两座建于金明昌年间，是孔庙现存最早的古建筑之一。其他9座均系清代建筑。

按孔庙的建筑发展规律，清代碑亭应建在大中门前，但清帝为彰显自身，将碑拥挤在碑亭周围，故在此出现了犬牙交错、两角相顶、巨檐相交的建筑特点，即建筑学上的"钩心斗角"。"钩心斗角"，见于唐杜牧《阿房宫赋》"各抱地势，钩心斗角"，这是一种艺术语言，至于其建筑结构是什么样子已无法确知，也不可能详知。此处的建筑特点的确再现了钩心斗角形制，但纯属巧合，实为地域狭窄，建筑拥挤之故。

亭内保存了唐、宋、金、元、明、清及民国时期所立石碑57通，由汉文、八思巴文（蒙古文）、满文等文字刻成。碑文大多是历代皇帝对孔子追谥加封和有关祭祀、修庙的记录。亭内最早的两通石碑放置在南排东起第六亭的金代碑亭内，分别立于唐高宗乾封元年（666）和唐玄宗开元七年（719）。

孔庙十三碑亭

在此院的东西两侧也有一对腰门，这是孔庙的第三对偏门。东为"毓粹门"，西为"观德门"，俗称东华门和西华门。

中路建筑

◆ 大成门

大成门，是孔庙的第五道大门。宋初叫"仪门"，宋崇宁三年（1104）因大成殿得名"大成门"。金贞祐年间遭雷击被焚，元大德六年（1302）重建。明清因火灾均又重建。大成门匾额和两边的对联为清雍正皇帝题写。

原门 3 间，重建后改为 5 间，石须弥座，门前后各有六级垂帘台阶，中用陛石，浅浮雕云龙山水，雕刻细腻精美。以前，此

孔庙大成门

门只有逢祭孔大典时才开启，平时由两旁的掖门——金声门和玉振门出入。在此，把孔庙分成三路，东为承圣门，院内奉祀孔子上五代祖先；西为启圣门，内奉祀孔子父母；中路为祭祀孔子夫妇及历代先贤先儒的地方。

◆ 先师手植桧

大成门里东侧有一石栏，栏内有一棵桧树，相传为孔子亲手所植。此树最早记载见于唐人封演所著《封氏闻见记》："庙门内并殿西南，各有柏叶松身之树，各高五六丈，枯槁已久，相传夫子手植。永嘉三年，其树枯死。"手植桧树原有3株，晋怀帝永嘉三年（309）枯死；隋仁寿年间复生，唐乾封二年（667）又枯；宋康定年间再生，金贞祐二年（1214）毁于兵火。元至元三十一年（1294）桧树苗被移栽于此，即为第四代手植桧。明弘治十二年（1499）孔庙着火，此树被烧死，仅存树身；清

孔庙先师手植桧

雍正二年（1724）再次着火，烧毁树身，仅存约半米高的树桩。清雍正十年（1732），树桩旁发出新枝条，被称为"再生桧"，也就是我们今天看到的"先师手植桧"。树旁的先师手植桧石碑，立于明万历二十八年（1600），字体酣畅，浑厚有力，为明代杨光训手书。

◆ 杏坛

"杏坛"，相传孔子讲学的地方。宋代以前孔庙内并没有杏坛，此地为"大成殿"。宋天禧二年（1018），孔子第四十五代孙孔道辅监修孔庙，将正殿扩建，位置后移。为纪念孔子讲学，在正殿旧址"除地为坛，环植以杏"，名曰"杏坛"。金代在坛上建亭，元代重修，明隆庆三年（1569）重建，清光绪三十四年（1908）改换为黄琉璃瓦顶。

现存建筑为明代遗构，平面呈正方形，四面敞开，屋盖为十

孔庙杏坛

字结脊，四面歇山，重檐，上层天花中心用斗八藻井。坛基两层，上层用石栏杆，南面8根栏柱下用螭首。四面均有踏跺，刻圭角形云纹。

杏坛是纪念孔子讲学的地方，最早记载见于《庄子·渔父》，"孔子游乎缁帷之林，休坐乎杏坛之上。弟子读书，孔子弦歌鼓琴"。杏坛内现有石碑2通，一碑为金承安年间文人党怀英篆书"杏坛"二字，由孔子后裔孔元措立石；另一碑为乾隆皇帝手书的《杏坛赞》。

◆ 大成殿

大成殿，原名文宣王殿、宣圣殿，始建于宋天禧二年（1018），崇宁三年（1104）更名为"大成殿"，政和四年（1114）颁御书匾额。北宋末年，大成殿毁于战火，金皇统九年（1149）重修，贞祐二年（1214）毁于兵火，元大德六年（1302）又重建大成殿。明成化十六年（1480）扩建为9间，弘治十二年（1499）大成殿毁于雷火，之后又重建。清雍正二年（1724）再次毁于火灾，之后按照皇宫的规格设计建造，并挑选内府名匠进行施工，于雍正八年（1730）完工，雍正皇帝重颁御书"大成殿"匾额，御制对联悬之庙堂。现在看到的大成殿系清雍正时期重建建筑。

大成殿是孔庙的主体建筑，是祭祀孔子的中心场所，它与北京故宫太和殿、泰安岱庙天贶殿并称为"东方三大殿"。大成殿重檐九脊，黄瓦歇山顶，"金龙和玺"彩绘。回廊环立28根雕龙石柱，均以整石刻成。前檐10根柱为深浮雕，每柱雕两龙，腾起如飞，神态各异，远而望之，祥云之中蛟龙盘旋飞舞，使人赞叹不已。大成殿两侧回廊和后面回廊下的18根石柱为八棱八面柱，上有浅雕云龙戏珠，每一面为九龙戏珠，每根柱上有72条龙。

殿下有双层台基，前有两层大型浮雕龙陛，四周围以双层石栏，上层为火焰宝珠柱顶，下层为重层覆莲瓣柱顶，石栏下东、西、

孔庙大成殿

南三面共突出24个石雕螭首,雕刻古拙,连同踏道云龙山水御道,均为明代遗物。整个大成殿气势雄伟,结构整齐,规模宏大,突兀凌空,金箔贴裹,群龙竞飞,具有明显的东方建筑特色。

走进大殿,瞻仰里面的塑像,观看里面陈列的礼器和乐器,一种虔诚的崇敬之情油然而生。大殿内有9座大型神龛,17尊塑像。明间正中为孔子,像坐高约3米,头戴十二旒冠冕,身穿十二章王服,手捧镇圭。孔子塑像的东西两侧,有"四配""十二哲"的塑像相伴。四配:东侧为"复圣"颜回和"述圣"孔伋,西侧为"宗圣"曾参和"亚圣"孟轲。十二哲为闵损、冉耕、冉雍、宰予、端木赐、冉求、仲由、言偃、卜商、颛孙师,除以上10位孔子弟子外,还有有若和南宋的朱熹。

大成殿内原有10方巨匾(有的还未复原),正中是康熙皇帝手书的"万世师表",光绪皇帝手书的"斯文在兹",两侧是咸丰和道光的手书,南面是乾隆皇帝手书的"时中立极",门外

孔庙大成殿孔子像

正中"生民未有"为雍正皇帝手书。殿内设有红漆供案，供案摆满各种祭器和乐器，祭器有青铜的爵、罍、铏、登、簋、豆、尊等，竹制的笾、筐等，木制的俎以及堆料五彩御制香炉、烛台等。乐器有鎏金制的编钟、精制的特磬、成组的排箫、彩绘的应鼓、陶制的埙，配以古琴、大瑟、风箫、笙、笛、篪和柷、敔等数十种乐器。

◆ 东、西两庑

除了大成殿内供奉孔子、四配、十二哲，在大成殿两侧的东、西两庑内还供奉着历代先贤先儒，他们是封建王朝钦定孔子学说的传人，代表着儒家道统的正宗。

大成殿两侧的东、西两庑始建于唐代，20 余间，明成化年间扩建到 100 间，包括两头的角门。明弘治年间和清雍正年间两次毁于雷火，现存为清代的建筑。两庑屋顶用绿色琉璃瓦，以黄色琉璃瓦剪边。

孔庙两庑内景

两庑中配享除孔门弟子外，都是后世公认的贤者及儒学大师，如董仲舒、韩愈、顾炎武等，他们是正统儒学的中坚人物，代表着儒学发展的方向，影响了一代又一代的中国人。孔庙祭祀以弟子配享始于东汉永平十五年（72），汉明帝刘庄到曲阜祭孔并祭七十二弟子。唐贞观二十一年（647），唐太宗李世民以左丘明、公羊高等22人配享，这是先儒从祀的开始。其后，历代帝王根据不同的需要进行增添，将贤、儒分为"四配""十二哲"和"先贤""先儒"。孔庙有"四配"始于元延祐三年（1316），"哲"始于唐开元八年（720），当时为"十哲"，至清乾隆三年（1738）定为"十二哲"。四配、十二哲在大成殿内从祀，先贤、先儒在东西两庑从祀。至民国初年，东西两庑供奉的先贤先儒总数达156人。

◆ 玉虹楼法帖

在东、西两庑的北部，现陈列玉虹楼法帖，是清乾隆年间孔子后裔孔继涑收集历代著名书法家的手迹临摹精刻而成。这些法帖原置于曲阜"十二府"（孔继涑的府第）的玉虹楼内，1951年移入孔庙，1964年装裱展出，供书法爱好者欣赏，它们是久负盛名的书法珍品。

◆ 寝殿

寝殿，是祭祀孔子夫人亓官氏（一说笄官氏）的祠堂。阔7间，进深4间，黄瓦盖顶，回廊中的擎檐用八棱水磨石柱，浅刻凤凰戏牡丹图案，一切仿照皇后宫室制度。殿内设神龛，木雕游龙飞凤，龛内木牌书"至圣先师夫人神位"。

孔子夫人亓官氏，春秋末期宋国人，古籍中很少记载其生平事迹。孔子去世后，她和孔子一并享受祭祀。唐代开始设寝殿专门祭祀，宋大中祥符年间，宋真宗追封其为"郓国夫人"，元至顺年间，她被加封为"大成至圣文宣王夫人"。明嘉靖年间，孔子被尊称为"至圣先师",她也随之被改称为"至圣先师夫人"。早期殿内有塑像,雍正年间火灾后重建,改为牌位,上罩木刻神龛,龛前有供案。

◆ 圣迹殿

圣迹殿,是孔庙的第九进院落,也是最后一进院落,因保存记载孔子一生事迹的石刻连环画而得名"圣迹殿"。殿系明万历二十年(1592)巡按御史何出光主持修建的,共5间。孔庙原有反映孔子生平事迹的木刻图画,后由杨维扬作画、章草刻石,镶嵌在殿内。

《圣迹图》共120幅,每幅高约38厘米,宽约60厘米,其中,前8幅为文字,后112幅是图画,也附文字说明,图文并茂。从颜母祷于尼山而生孔子,到孔子死后弟子们庐墓,形象地展现了孔子主要的生平活动和言论。这是我国现存最早的人物故事连

孔庙圣迹殿

环画，有极高的历史和艺术价值。

　　圣迹殿内，迎面是清康熙皇帝手书的石刻"万世师表"四个大字，十分醒目。殿内除《圣迹图》外，还有几幅孔子画像，有唐代画家吴道子画的《孔子为鲁司寇像》《孔子凭几像》《孔子行教像》；晋代画家顾恺之画先圣画像，习称"夫子小影"；宋代著名书画家米芾的《大哉孔子赞》等，均为艺术珍品。

东路建筑

　　孔庙大成门东西两侧的承圣门和启圣门，分别通向孔庙的东路和西路。东路属于家庙，是祭祀孔子上五代祖先的地方。这里原来是孔子的故居，相传是孔子生前居住过的地方，有承圣门、诗礼堂、孔宅故井、鲁壁、崇圣祠等。

孔庙孔子故宅门

孔庙诗礼堂

◆ 诗礼堂

诗礼堂始建于元代，明弘治十七年（1504）重修扩建。东侧有厢房，为礼器库，储放祭祀用的器物。堂前院中有一株唐槐和两株宋代银杏树，虽历经千载仍枝繁叶茂。

◆ 孔宅故井

转过诗礼堂，有一个幽静的小院，院内有一水井，旁边立有"孔宅故井"石碑，相传为孔子当年汲水的地方。

◆ 鲁壁

孔宅故井的东侧，一面墙壁高高竖起，形同照壁，前面一块石碑填红隶书"鲁壁"二字。这个并不起眼的墙壁有着十分重要的历史意义，它见证了我国历史上一次重大文献的发现，被后世学者称为儒家原典文化的"挡风墙"。据《汉书·艺文志》记载，秦始皇焚书坑儒时，孔子后裔孔鲋将家中珍藏的经典书

孔庙孔宅故井和鲁壁

籍偷偷藏于孔子故宅的墙壁内。西汉景帝时，鲁恭王刘余在扩建宫室拆除孔子故宅时，从墙壁中发现了《尚书》《仪礼》《论语》《孝经》等书。儒家典籍在经过秦始皇焚书坑儒后几乎焚毁殆尽，汉初复兴儒学，统治者不惜重金，下令广求古籍，甚至向年老的儒者求教，请他们凭记忆背诵古经，用通行的隶书记录下来，这便是后来所说的"今文经"。汉代设立经学博士，他们研习的就是"今文经"，并在社会上享有很高的地位。但是，鲁壁发现的古文经书与他们所读的"今文经"有着很大的区别，所以当时的经师们极力排斥"古文经"。与此同时，一些学者看到"古文经"的价值而极力推崇，由此引发了我国学术史上的"今古文之争"。为纪念这一重大历史事件，金代在孔子故宅内建立殿堂。明弘治年间重修孔庙时，将金丝堂迁往孔庙西路，在原地方建立了诗礼堂。为褒扬孔鲋对古代文化典籍的贡献，又在诗礼堂的后面建鲁壁。

◆ 崇圣祠

原是明弘治十七年（1504）重建的家庙，雍正元年（1723）追封孔子上五代祖先为王，这里被改为崇圣祠，简称五代祠。崇圣祠供奉孔子上五代祖先，又以"四配"的父亲配享，以宋代大儒（周敦颐、张载、程颐、程颢、朱熹、蔡沈）之父为从祀。

◆ 家庙

崇圣祠后又是一进院落，7间正堂，名曰"家庙"，是孔子后代私祭的地方。堂内正中供奉孔子夫妇，左边是孔子的儿子孔鲤夫妇，右边是孔子的孙子孔伋夫妇，再左供奉孔子第四十三代孙"中兴祖"孔仁玉夫妇。

◆ 后土祠

家庙之后，另有土地庙，是供奉孔庙土地神的地方，称为"后土祠"。

◆ 神庖

后土祠后是神庖，是祭祀前屠宰牺牲、准备祭品的地方。神庖始建于明洪武年间庙制，均位于寝殿之后，弘治十七年（1504）将神厨、神庖合二为一。清雍正年间，将神厨、神庖分开重建，形成现在的布局。神庖现为汉画像石陈列馆。

西路建筑

孔庙西路是祭祀孔子父母的地方，有启圣门、金丝堂、启圣王殿、启圣王寝殿等，典型地反映出儒家尊祖敬宗的礼乐文化内涵。

孔庙崇圣祠

孔庙家庙

孔庙神庖

◆ 金丝堂

进入启圣门，台上矗立着 5 间绿瓦房，这就是金丝堂。金丝堂原是为纪念孔鲋藏书而建，始建于金代，位于孔子故宅内，明代倒塌重建时被移到现在的位置。据载，汉鲁恭王在拆除孔子故宅墙壁时，听到金石丝竹等各种类似乐器的声音，结果从墙壁里发现了失传很久的古文经书。取其蕴意，名曰"金丝堂"。

◆ 启圣王殿

是祭祀孔子父亲叔梁纥的专祠——启圣王殿。殿 5 间，绿瓦覆顶，前檐用镌花石柱，中间两根浮雕二龙戏珠，现存建筑为雍正年间火灾后重建。

◆ 启圣王寝殿

启圣王殿的后面是启圣王寝殿，是祭祀孔子母亲颜征在的专祠。殿 3 间，与启圣王殿以露台相连。

◆ 焚帛所

位于圣迹殿西南、神厨东南，是祭祀时焚烧香帛祝文的场所。焚帛所始建于明洪武年间，位于寝殿后，明弘治后位于今处，形制与今相同。

◆ 神厨

神厨是祭祀前备办粢盛祭品的地方。位于庙后院的西北角，有正厅 5 间，两厢各 5 间，大门 1 间。

孔府

概述

孔府，本名衍圣公府，是孔子后世嫡裔子孙世代居住的官邸。"衍圣公"是北宋至和二年（1055）宋仁宗赐给孔子第四十六代孙孔宗愿的封号，这一封号子孙相继，整整承袭了三十二代，历经宋、金、元、明、清、民国约880年，这在中国历史上是独一无二的。

孔府主体院落创建于明洪武十年（1377），其后不断添置完善，建筑规模逐渐扩大。有楼轩厅堂460余间，八进院落，分东、西、中三路：东路俗称"东学"，主要建筑有报本堂、桃庙、九如堂、一贯堂、慕恩堂等；西路为衍圣公读书、学诗学礼、燕居吟咏和会客之所，俗称"西学"，有忠恕堂、安怀堂、南北花厅等建筑；中路是孔府的主体部分，前为官衙，设三堂六厅，后为内宅，有前上房、前堂楼、后堂楼、配楼、后六间等，最后为后花园。孔府是集官衙、宅院、家庙三位一体的典型的封建贵族式建筑群。

现存孔府的建筑布局是明朝李东阳主持设计的，渗透着浓厚的封建色彩。据《孔府档案》记载，孔府八卦方向属于坎宅离门，在中轴线上，大门为后堂楼所生，为向明之火；二门乘火之旺气以生仪门之土；五行中，土为中，金、木、水、火，绕土而行。所以土为五行的基础，占有以中为尊的位置，恰好仪门又是地位尊贵的象征。大堂和二堂连成一体，乘土之旺气生三堂之金，内宅门乘金之旺气生前上房为水，小内门乘水之旺气生前堂楼之木，后堂楼乘木之旺气生大门之火。其大局生入生出，环而有端，所以为大吉之府第。因孔府属于坎宅离门，即北为坎，南为离，按天象八卦正好转了九十度，所以将二十八星宿所现四方之神也按同规则转九十度，即设东朱雀（鼓楼）、西玄武（钟楼）、前青龙（原青龙厅，又称喜房，位于现阙里宾舍所占之地，专供孔府奴仆生孩子用）、后白虎（原白虎厅，又称停尸房，供孔府奴仆丧礼用，原址在后宰门内）。从大门到后堂楼八进建筑，有八条下水道似八卦，前、后堂楼，前、后、东、西配楼，加佛堂楼，仿照勺星形式排列，故名"七星"。这就是所谓"明七星""暗八卦"之说。

中路建筑

◆ 孔府大门

孔府大门，门楼不算太高，但庄严气派。两侧摆放有明代精雕细刻的石狮一对，石狮的外侧各有高约半米的方形石，实际上是当年外来人员在孔府门前下马时所用的垫脚石，俗称"下马石"。

孔府大门为明代建筑，阔 3 间，深 2 间。每间开辟一门，黑漆红牙，狻猊铺首，菊花阀阅。这种建筑构造，在其他地方的一般府邸是不可能见到的。

孔府大门最值得注意的是门上悬挂的巨型金字"圣府"匾额，为明嘉靖年间阁老严嵩手书。大门两边的一副对联"与国咸休安富尊荣公府第，同天并老文章道德圣人家"，出自乾隆时期号称"天下第一才子"纪晓岚之手。纪晓岚为孔府写的这副对联，不但文字流畅、潇洒、大方，对孔府的赞誉更是对联中的一绝。如果仔细观察，你会发现上、下联各有一字写法非常特别。上联的"富"字最上面缺了一点，所谓"富"字无头，寓意孔府的富贵

孔府大门

世代相传，永无止境；下联的"章"字最后一竖通了上去，意思是孔府的文章可以破日通天。对联上的"与国咸休"，显示了孔府在政治上的显赫地位；"同天并老"则极力表明了儒家思想的光辉永存，万古长春。

进入孔府大门，院内的东、西各有5间厢房，西厢房叫赍奏厅，俗称外西房，专司京差事务。东厢房，俗称东房，内设"四路常催"，专司孔府屯厂丁户的诉讼案件及催征差役。据《孔府档案》记载，清道光七年（1827），东房在册差役达244人之多。房东有前后两座房子，各3间，后面3间有2间耳室，是临时拘押犯人的地方。

◆ 二门

此门为清代建筑，是按照清定制所建。门进深2间，面阔3间。五檩三柱分心式木架，灰瓦悬山顶。上悬挂明代李东阳书写的"圣人之门"竖匾。

◆ 重光门

此门始建于明弘治十六年（1503），四柱三间三檐垂花门。整座门比例匀称，造型庄重，具有明显的明代前期建筑风格，为该时期的上乘之作。从风水学上来讲，它关系到整体建筑风水命门，是孔府内所有建筑的重中之重。

据传，"恩赐重光"匾为嘉靖皇帝亲颁。从字义上来解应为孔氏族人所书，如是嘉靖皇帝亲颁，不会有"恩"字。重光的含义是"太平之世，日抱重光，谓日有重日也"。在这里又有新建孔府落成，犹如儒家思想将会大放异彩之意。

◆ 大堂

大堂是衍圣公迎接皇帝钦差、宣读圣旨、举行袭封大典等重大活动的地方。大堂面阔 5 间，进深 3 间。正中放一虎皮太师椅，高大的红漆公案上摆着文房四宝、印盒、令牌、令箭等。堂正中上方高悬清顺治皇帝钦赐的"统摄宗姓"匾，表明孔府管理宗族事务的权力是得到中央政府恩准的。

东西两侧陈列着各种仪仗。有金瓜锤、钺斧、朝天镫、钩镰枪、龙枪、蛇枪、鬼头刀、八棱锤，各种灯笼、更鼓、云牌、云锣、龙旗、凤旗、伞、扇等，它们均是仿清代定制陈设。此外，还有一些象征其封爵和特权的红底金字官衔牌等，如"袭封衍圣公""光禄大夫""紫禁城骑马""赏戴双眼花翎""回避"等。

◆ 六厅

大堂的东西两侧设有六个办事机构，简称六厅。它们按照朝廷的六部（吏部、礼部、工部、户部、兵部、刑部）而设立，是在明代孔府的"四科"（管勾、司乐、百户、典籍）基础上扩展而来的，分别为管勾厅、百户厅、典籍厅、司乐厅、知印厅及掌书厅，具体管理着孔府内部的日常事务。

孔府重光门

孔府大堂

◆ 穿廊

绕过暖阁，有一"工"字形的建筑，把大堂和二堂连接起来，这就是穿廊。内有两条红漆靠背长凳，为明代制品，在这里静静地存放数百年了，因与阁老严嵩有着一段历史渊源，故俗称"阁老凳"。

明朝权臣严嵩的孙女嫁给六十四代衍圣公孔尚贤，成了孔府的姻亲。后来，严嵩被参获罪，想托姻亲衍圣公向皇帝说情。但衍圣公因此人劣迹昭著，难挡众人之耳目，不予接见。严嵩在此凳坐等多时无果，只得悻悻而去。后世为了表彰衍圣公憎恶奸佞的行为和为官清廉，特意保留此凳以示后人。

◆ 二堂

二堂，也叫后厅，是当年衍圣公会见四品以上官员的地方，也是替朝廷选拔礼、乐童的场所。门面五间。室内正上方原悬挂"钦承圣绪"和"节并松筠"巨匾，前为雍正手书，后为康熙手

孔府二堂

书。现挂"节并松筠"和"诗书礼乐"匾。后墙两旁立有7通碑石，其中最引人注目的是慈禧太后手书的"寿""松鹤图"等。这些字画是在清光绪二十年（1894），孔令贻同其母彭氏及妻孙氏到北京为皇太后慈禧祝寿时被赏赐的。

二堂内东西各设有一厅。东厅为启事厅，孔府的上传下达、内禀外报的事务皆由此厅管理，内设正四品官一员担任启事官。西为伴官厅，是专门陪伴衍圣公外出公务或进京朝见皇帝时的随从人员，实际是起着保卫、文书的作用。伴官共设6人，官阶为六品到七品不等。

◆ **三堂**

三堂也叫退厅，是衍圣公处理内务的场所。明间正上方悬挂着一幅匾额，上书"六代含饴"四字，蓝底雕龙金边。匾正上方镶金字"乾隆玉玺"大印，此匾为乾隆御赐。乾隆皇帝第四次来阙里朝圣，从孔子第六十七代孙孔毓圻的夫人黄氏到七十二代孙

孔府三堂

孔宪培，已是六代同堂。乾隆帝看到孔府人丁兴旺，家庭和睦，遂赐此"六代含饴"匾。三堂的东西两暗间，东为小会客室；西为向朝廷书写奏章的地方。

三堂的庭院小巧别致，正南立一太湖石，高约3米，周边石栏围护。寓意为办事说话"开门见山"。东西各有一厢房，均为明代建筑，东厢房为"册房"，掌管孔府的地亩册契。后院内有"司房"，管理孔府的总务和财务。西厢房为"书房"，是当年孔府的文书档案室。

◆ 内宅门

三堂过后，是孔府的内宅门，为明代建筑，是官衙与内宅分隔的地标性建筑，门内属于内眷住的地方。在封建社会，"男女授受不亲"，内外有别。对内宅的控制特别严格，任何人不得擅自逾越。旧时，乾隆皇帝所赐的虎尾棍、雁翅镗、金头玉棍三对仪仗，排列于门前的两边，有不遵令擅入者严惩不贷。

孔府内宅门

在内宅门还专设两种差役：一种称差弁，一种名内传事，共有三班人役轮番在耳房内值班守门。内传事向内传话，差弁向外传话，分工明确。上方挂有七十六代孙袭封衍圣公孔令贻的手谕，详述了内宅的有关规定。东耳房门的上方还有一差弁、内传事看门的值班水牌。

门的西侧有一个特制的水槽——石流，是挑水夫倒水的地方。因是内宅重地，成年男子不能随便进入，所以挑水夫只能把挑来的水倒入石流，隔墙流入内宅的水缸，然后再由用人分布到各用水的地方。挑夫是府内的一种专项职业，只负责孔府内宅的用水，平时居住于大堂后东侧的小屋内。

在内宅门的东面有一座用青砖砌成的4层高楼，始建于明代，俗称"避难楼"。

进入内宅门后，其屏门有幅寓意深刻的图画，俗称"戒贪图"。画中貌似麒麟的动物，就是传说中的"犭贪"。壁画上四周的彩云中，全是被其占有的宝物。但它并不满足，仍目不转睛地对着太阳张开血盆大口，妄图将太阳吞入腹中，占为己有。可谓野心极大，欲壑难填，最后落了个葬身大海的可悲下场。此图被制作在内宅外出的必经之路，其用意是提醒孔氏裔孙不要贪得无厌。

◆ 前上房

前上房，为明代建筑，是孔府主人接待至亲和近支族人的内客厅，也是举行家宴和婚丧仪式的主要场所。中堂挂有一幅慈禧皇太后为衍圣公孔令贻之母、一品夫人彭氏写的大"寿"字。正堂上方悬挂有曲阜邻县的绅士们联合赠给孔令贻夫人的巨大匾额，上书"宏开慈宇"四个大字。西间是衍圣公平时的办公室，名为"签押房"，东侧间陈列着乾隆帝赠予的荆根床、椅，工艺十分精美。西侧间的正面墙壁上挂有一幅清光绪年间李培雨画的"张良拜书"图，里间是当年衍圣公孔令贻签阅文件的办公室。

孔府前上房

　　前上房的东西两侧各有厢房 5 间。西厢房是孔府当年用来收藏日用礼器的内库房,东厢房是原来的账房。

◆ **前堂楼**

　　前堂楼为清光绪十二年(1886)重建。楼两侧有东西配楼,前堂楼的明次间为客厅,东、西两套间为卧室。衍圣公和夫人、子女就住在此楼。现复原陈列为清末民初七十六代孙袭封衍圣公孔令贻生活居住的场景。二层原是收藏珍贵物品的储藏室。堂中正面上方悬挂孔令贻书写的"松筠永春"巨匾,下面有一副对联:

"天下文章莫大乎是，一时贤者皆从之游。"这是著名书法家冯恕写给孔令贻的，体现了儒家文化的博大精深。冯、孔两家是亲家，孔令贻的长女孔德齐嫁给了冯恕的儿子。

孔府前堂楼

前堂楼的东间是孔令贻和陶氏夫人的起居室，放有两间合为一体的"多宝阁"，摆放着一品夫人的凤冠（乾隆御赐）、特大人参、珊瑚、玉雕、盆景、雕刻"福、禄、寿"的象牙等珍贵的工艺品。里间是孔令贻的两个女儿（孔德齐、孔德懋）幼年时期的卧室，陈列着当年小姐们的部分玩具和佩戴的银制品。

前堂楼西一间是孔令贻王氏夫人的卧室，室内至今尚有她的照片。王氏从小就被陶家买去当丫头，后来随嫁到孔府。孔令贻将她收为姨太太，婚后相继生下二女一男。西套间是孔令贻的二夫人丰氏的卧室。

◆ **后堂楼**

后堂楼是孔德成和夫人孙琪方当年的住所。现存建筑为清光绪十二年（1886）重建。明间正中挂有国民政府主席林森题写的"瑞应雎麟"横幅，有徐永昌、沈鸿烈等民国要员题写的对联。楼内陈列孔德成结婚时的政府官员及友人赠送的银鼎、银杯、银盾、银瓶等。东墙壁上挂有两幅照片，是当年孔德成婚礼的部分场面。

孔德成，孔子第七十七代孙，1920年生，同年袭封衍圣公。1935年，其"衍圣公"爵号被改封为"大成至圣先师奉祀官"。1948年12月，与夫人、子女到了台湾，曾任台湾地区"考试院"院长。

孔府后堂楼

　　东配楼，又称"绣楼"，是当年府内女工做刺绣活及居住的地方。西配楼，为孔府招待来府内的至亲女眷的住处。

　　后堂楼西是佛堂楼，清代建筑，当年衍圣公及其夫人烧香拜佛之处。

◆ 枣槐轩

　　枣槐轩，因原来此院中各有槐树、枣树一棵而得名。原轩已毁，现房为后建。因在孔府后部，也叫"后五间"，民国年间为仓库。孔德成结婚时，此房改由奶妈居住。

　　枣槐轩室内现为孔氏家风馆，由曲阜市文物局承办，曲阜彭门创作室设计，曲阜市三孔文化旅游服务有限责任公司制作。

◆ 后花园

　　孔府后花园，又名"铁山园"，是孔府主人休闲娱乐的地方。花园始建于明弘治十六年（1503），由李东阳设计建造。清嘉庆年间，孔子第七十三代孙袭封衍圣公孔庆镕重修时，将数块大型铁矿石置于园内，故称"铁山园"。入园门，由雪松下东行，有酸枣树、假山、水池、扇面亭、荷花池、桂花圃、紫藤架等。北有老花厅、新花厅，为民国年间添建。新花厅向南，有一株近400年的"五君子柏"，奇伟挺秀，是花园一奇景，非同种但同根，有大爱无疆、博爱包容之势。从它诞生之日起，便受到孔氏族人的精心呵护，它被赋予了风雨同舟、和谐共

孔府后花园"五柏抱槐"

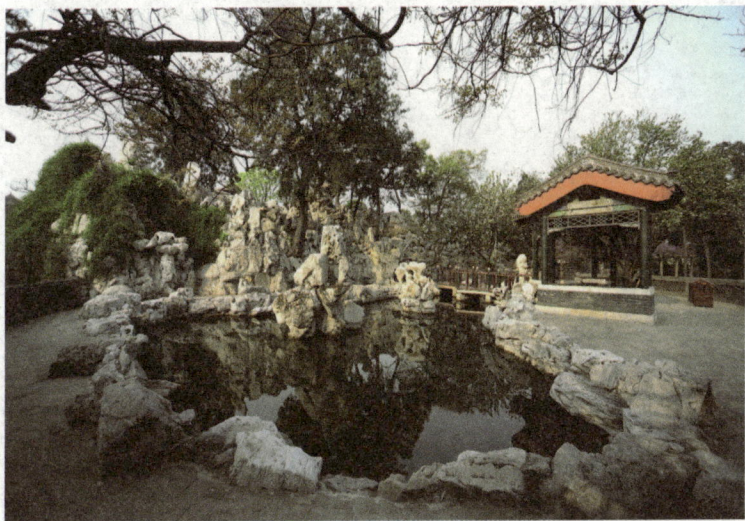

孔府后花园

生的精神文化内涵。

花园西南隅开一园门，园门设一照壁，壁上画有一幅西洋画风山水画。这幅画有一奇特之处，无论你站在哪个位置，画面中的大路都始终正对着你，因此常引得游人啧啧称奇。这幅画是当年孔府后花园的一个普通的画工所画，本身也并不神秘，其实就是采用了西方绘画中的透视原理。

西路建筑

孔府西路均系清代建筑，有红萼轩、忠恕堂、安怀堂三进庭院，名为"西学"，是衍圣公学诗、学礼、作画习字、诗文会友的地方。后面是子女学习和衍圣公闲居的场所，有学屋、花厅等。

西路也称得上是官邸招待所，在明清时期，一些达官贵人、文人墨客到曲阜来一般都下榻此处。

东路建筑

孔府东路又称为"东学"，分前、中、后三部分。前部分名东学，又称东书院，是衍圣公感念皇恩、读书励志、接待官员的地方，原有念典堂、九如堂、宸翰阁、兰堂等建筑；中部是衍圣公奉祀先人的处所，有报本堂、桃庙、慕恩堂等建筑；后面是衍圣公次子、奉祀子思的世袭翰林院五经博士的用房，有迎恩门、一贯堂及其内宅两进院。

孔府"西学"

孔府忠恕堂

47

外围建筑

◆ 阙里坊

阙里坊位于孔庙的东墙之邻。作为地标性建筑，历史上因孔子的存在，阙里早已成为曲阜的代名词。现存阙里坊为明代木结构建筑，清代多次维修，四柱三楹，每楹三层梁坊，上有密集的斗拱和云龙透花板，中间红色坊额，上书"阙里"两个金字。坊顶覆绿琉璃瓦，各挑角均挂风铃，风起时叮咚作响，告诫人们此坊是圣人故居。

◆ 钟楼

位于阙里街中部，西接孔庙东南角楼。钟楼始见于明弘治修庙之后李东阳所撰《重修阙里庙图序》。金代为依庙居住的孔子后裔出入庙宅的外门。清初名"端门"。今存钟楼单檐悬山顶，内置铜、铁钟各一，供报时使用。铜钟为明嘉靖年间造。楼下为砖砌高台，高约 5.6 米，南北向辟券门一洞。

◆ 鼓楼

始建于明弘治年间，清中期以后毁于火，同治十一年（1872）重建。中间辟东西向券形拱门一洞，台南侧设马道供上下。台楼上内置大鼓，供孔庙祭祀和平时报时所用。

曲阜阙里坊

曲阜鼓楼

汉魏碑刻陈列馆

　　此处原为孔府西仓（储粮及加工的地方），1998 年建成，定名"汉魏碑刻陈列馆"，以便集中保护和陈列展示汉、魏、唐、宋等碑刻石雕艺术。

　　汉魏碑刻陈列馆建有大门、二门、汉石人亭、展室 33 间及南墙壁镶嵌式展览。共陈列西汉刻石 6 块，东汉刻石 9 块、东汉碑刻 13 通，魏及北朝碑 5 通，隋唐碑 5 通、唐刻石 6 块，宋碑

汉魏碑刻陈列馆大门

及刻石 12 块，金碑刻 1 通，元碑 3 通、元刻石 1 块，明刻石 53 块，清刻石 17 块，共计 131 块。共分墓碑、墓志铭、记事碑、石经幢、造像碑、题名碑、石雕像、石用具八种类型。

汉魏碑刻原属孔庙碑林的主要组成部分。孔庙碑林是在历代修建孔子庙形成的碑石以及孔林墓碑和散落在曲阜地域各种碑碣的基础上形成的，原位于孔庙大中门至大成门之间，主要包括同文门院、西斋宿院和十三碑亭院的碑刻。当时有石碑约 220 通，刻石约 310 块，内容宏富，形制多样，其历史文化价值蜚声全国，受到历代文人骚客的顶礼膜拜，为中国著名的碑林。

汉魏碑刻陈列馆汉石人亭

汉魏碑刻陈列馆展厅

孔林

孔林距曲阜城北门约 1.5 千米，是孔子及其后裔的家族墓地。

自孔子死后与妻合葬于泗上，弟子们筑坟植树，为"孔林"之始。孔子以后，其子孙围绕孔子墓接冢而葬，经过 2000 多年 70 多代的不断延续拓展，逐渐形成了面积广大的孔氏家族专用墓地。林内坟冢累累，碑石如林，古木参天，是中国乃至世界上规模最大、持续时间最长、保存最完整的家族墓葬群之一，也是一座罕见的人造园林。占地近 200 万平方米，林内有坟冢 10 万余座，可以说，孔林的发展沿革与孔氏家族在历史上的政治地位紧密相连，具有很强的时代烙印。

孔子之后，孔子的孙子孔伋及裔孙孔白、孔求、孔箕、孔穿、孔谦也先后葬于此。至战国末期，这里至少已有 8 座孔氏坟冢。他们按照古代的昭穆秩制度，分布在孔子墓的周围。至汉武帝时，"孔子冢大一顷"，林地发展的雏形已基本形成。

东汉桓帝永寿三年（157），鲁相韩敕将孔子墓前旧有祠坛改为石砌，并造神门 1 间，斋厅 3 间，拨派若干户人专门看护墓地。东汉灵帝建宁二年(169)，鲁相史晨对孔庙进行修缮的同时，又对孔林设守墓官员，按时进行洒扫。至此，孔林的形制才逐渐完备。

南朝宋文帝元嘉十九年（442），下诏卫护孔林，免除孔子墓侧孔景等五户"课役"（赋税及徭役），以供洒扫，并于林内植松柏六百株。北魏太和十九年(495)，孝文帝至阙里祭祀孔子墓，并诏兖州府官员为孔子墓起园栽柏，修饰坟垄，更新碑铭。据《水经注》所记，北魏时葬在孔林内的孔氏坟墓可辨者 50 余座。

唐太宗尊孔子为"宣父"，诏兖州建阙里孔子庙，又命褒圣侯朝会，位同三品，赐食邑百户。唐玄宗下诏追谥孔子为"文宣王"。后周广顺二年（952），太祖郭威平定兖州后，至阙里祀孔子庙，拜其墓，勒令地方官修建林墓，严禁百姓到孔林中乱砍伐。

宋大中祥符元年（1008），宋真宗赵恒封禅泰山返京过阙里，拜谒孔子庙后，又拜其墓，增加守林人20户。其后在孔子墓左前增建驻跸亭一座，以示纪念。宣和元年（1119），宋徽宗命工匠镌刻石仪，置于墓前两侧。历经五年完工，增孔子墓前石仪，置翁仲、用端、文豹、望柱各一对，正式形成了孔子墓道轴线。同时，还修建思堂、斋厅等建筑。宋、金之时，孔林的形制已完备，墓地规模相当宏大。孔元措在《孔氏祖庭广记》中对孔林前期的发展演变也有较为详尽的描述，并绘有"孔林图"插页，清晰地标示出环孔子墓修建的围墙、神门，以及宣和元年的石仪、思堂、斋厅等建筑的位置。

元代制定了规范礼仪祭祀，对林地的保护也更加严格。孔思凯为保护孔林，"严禁樵采……乃口而围之……崇建一门，甚为雄丽"。此门为孔林大门之始建，位于现孔林二门。又修孔子墓神门，使孔林更加壮观。

明代是孔林的大发展时期，无论是墓冢数量还是林地规模，都随着孔氏家族社会地位的提高而有了较快的发展。朱元璋拨给115户作为林庙洒扫户，供孔府役使。洪武十年（1377），五十六代孙袭封衍圣公孔希学，告示族人"葬累累，而东、西形势渐狭，方议规斥，以广其地"。鲁民居文约等以地五十大亩划入林地，以"增广林田"。永乐十二年（1414），五十九代衍圣公孔彦缙恢扩思堂，又作墓门3间。此墓门应是今日思堂西侧墓门的前身。永乐二十年（1422），孔彦缙又重建了斋厅。永乐二十一年（1423），孔彦缙与曲阜知县孔克中出资"万缗"，并召集曲阜各孔氏族户率弟子千余人，与"庙丁"百余人一起重建了孔林围墙。此围墙非常简易，为土薪结构，即底部为夯土，上

孔林鸟瞰图

以坚硬的树木枝条加以排列，即为篱笆墙。正统八年（1443），又增文宣王、泗水侯、沂国公墓碑各一块。弘治七年（1494），六十一代衍圣公孔弘泰重修驻跸亭、林墙，创建享殿，二门扩作城楼，并重建洙水两板桥，植桧柏数百株。这次修建奠定了孔林内部的主要布局。嘉靖二年（1523），新建孔子墓神道洙水拱桥，并建洙水桥坊和子贡庐墓堂。

随着嘉靖初年曲阜新城的建成，北城延恩门与孔林大林门的通道连通，成为孔林神道。

万历二十二年（1594），连标等人添建"万古长春"石坊和两侧碑亭。栽植神道两旁的桧柏数百棵，最终完成了孔林神道的绿化整治，增加了神道的肃仰功能。崇祯年间，因林墙颓废，衍圣公孔胤植与诸宗人更新林墙，改土墙为砖砌。至明代末年，整个孔林的气势更加恢宏。

清康熙二十三年（1684），康熙帝亲至孔林祭拜孔子，要求上本奏请扩展孔林。第二年，衍圣公孔毓圻便上本奏请，将其林地向东、西、北三面各扩"一百五十五丈七尺"，总扩地为"十一顷十四亩九分"。林地扩大后，孔子六十八代孙衍圣公孔传铎又新修孔林围墙 7.25 千米，植侧柏 500 余株，基本上形成了孔林现在的规模。林墙高 3.5 米，厚约 1.5 米，四界还设林头和林役看管树木。雍正二年（1724），建孔毓圻御碑亭。雍正八年至十年（1730—1732），大修孔林。将宋宣和之石翁仲移至孔伋墓前，而以新镌之翁仲代替。同时，还拨付大量洒扫户和委派官吏，专门管理和守卫林庙。这次大修共耗银 2.5 万多两。乾隆皇帝曾至阙里祭奠孔子，并亲临孔子墓祭拜，增建御碑亭两座。地方官员出俸钱植树，在享殿周围及红墙外、缭垣以内，补植柏、松、樟等近万株。道光五年（1825），建"鸾音褒德"于氏坊。道光二十八年（1848），又在孔林神道两旁植柏树千余株。

民国时期，由于军阀混战，国家动乱，经济萧条，仅有零星修旧。1922 年，只修了孔子墓、碑亭、林门和红墙诸处。

孔林的发展、沿革是一个动态过程。它的发展脉络不仅反映出孔氏家族的发展历程，也浓缩了我国古代的风俗人情、丧葬制度、生活理念等文化信息。其地域的稳定性，也说明儒学在中国历史地位上的坚固性。

单体建筑

◆ 神道

出曲阜城北门，两边古树排列，一直通向孔林，这就是"大成至圣先师孔子神道"，人们习惯上称为"孔林神道"。整个神道长一千多米，青石铺路，平直如矢。神道两旁整齐排列着老桧古柏，直到孔林门前。

◆ 万古长春坊

神道中段有桥名曰"文津桥"，平地突起。过桥北行，有一座石制牌坊，坊额上刻"万古长春"四字，是中国著名的牌坊之一。建于明万历二十二年（1594），是曲阜现存最大、最精致的石牌坊。

万古长春坊前东、西两侧各有一座碑亭。东亭内立大成至圣先师孔子神道碑，此碑于明万历二十二年（1594），由明代官僚郑汝璧、连标立石。碑亭为方形，明间南面洞开，东、西、北三面设立石栏，重檐绿瓦歇山顶。西亭内立阙里重修孔子林庙碑，碑文为明万历年间礼部尚书、东阁大学士于慎行书。两碑亭虽经几次重修，仍保持明代的建筑风格。

◆ 至圣林坊

神道尽头是一牌坊，上刻"至圣林"三字。此坊原名叫"宣圣林"坊，清雍正七年（1729），与孔庙同时由"宣圣"被改为

孔林神道

万古长春坊

孔林大门——至圣林坊

"至圣"。此坊建于明永乐二十二年（1424），经明、清两代多次重修，现在仍然保持明代早期的建筑特点。坊前有明崇祯年间雕刻的石狮一对。

◆ 大林门

至圣林坊后，是孔林的第一道大门。现存门屋3间1洞，两侧出八字墙。因缺乏翔实的资料记载，推测此门为元至顺年间始建，亦有可能是清雍正年间大修孔林时所建。

◆ 二林门

进入孔林大门后，有一条苍松翠柏遮盖的甬道，长约400米，幽深肃静，直至孔林的第二道大门——至圣林门楼，习称"二林门"。二林门分上下两层，下层为5间重檐砖质城堡式拱门，上横嵌石匾，篆刻"至圣林"三字。此门建于元至顺二年（1331），时为鲁国故城的北门——龙门遗址。明弘治七年（1494），衍圣公孔弘泰添建门楼，也就是现在的观楼。整个林门楼四周以 16 根红漆木柱环绕，构成回廊，颇似城楼。

孔林二门观楼不但是重要的文物建筑，也是革命历史纪念地。1948 年 10 月初，淮海战役曲阜会议在此召开。会议原在孔庙奎文阁举行，后移入孔林二门观楼举行。

◆ 洙水桥

洙水是周代鲁国排洪护城的自然河流，它流经孔子墓前，传与圣脉攸关，故被称为"灵源无穷，宜与天地共长久"的"圣水"，并将其与泗水并称"洙泗"，作为孔子思想发祥地的代称。

洙水河上建有 3 座桥，左右皆为平桥，唯中间一桥为单孔石拱桥，这就是洙水桥。桥宽 6.6 米，长约 25 米，桥面呈拱形，遮住了人们北望的视线，以示孔子墓深藏于内。此桥始建年代不详，金孔元措《孔氏祖庭广记》的孔林图中已有此桥记载，说明洙水桥建于金代以前或者金代。明弘治七年（1494），六十一代

孔林洙水桥坊

孙衍圣公孔弘泰增设桥石栏杆，并于左右两侧添建两座小桥，均有石栏杆，人们称之为"东平桥""西平桥"。桥的东西两侧立有记载修浚洙水的石碑数幢。

洙水桥的南侧有一座精致的石坊——"洙水桥"坊。额坊雕刻"洙水桥"三字，二次间均浅刻二龙戏珠，造型简朴庄重。此坊于明嘉靖二年（1523）陈凤梧建立，正面刻有"大清雍正十年重修"字，是把原年款除掉后刻上的，有明显的痕迹。西次间的石额枋和屋脊并石兽边柱于1951年修复时已更换。"洙水桥"三字没有落款，据说为严嵩所书，并无史据，只是根据其年代相近而进行的一种推测。

◆ 墓门

孔子墓前的甬道大门，又称"挡墓门"。两扇朱漆大门与至圣林门楼一样，镶嵌着横九竖九共81个门钉，不仅昭示着此处为圣人的安息之所，也显示"大成至圣先师文宣王"的威严与肃穆。墓门始建于东汉永寿三年（157），金代时期位于今享殿处，明永乐十二年（1414）重建移入今位置，清代初期重修。

◆ 思堂

墓门的东侧，有一进三合院，名为思堂，又名"斋厅"，是孔氏子孙祭祀孔子之前的斋戒更衣之处，习称"更衣房"，也是孔氏子孙祭祀孔子墓之后的饮宴之处。两侧各有厢房3间，前出廊，西山有耳房1间，为司茶房。再前有照壁墙，大门1间。此院的西北角设一小门，直接通孔子墓的甬道。两厢墙上镶嵌有宋、元、明历代谒林题记、题诗石刻39块，较为著名的有宋代李格非、明代吴宽等人的题记。此堂始建于东汉永寿三年（157），规模很小，历代曾重修。明永乐十九年（1421），五十九代孙袭封衍圣公孔彦缙扩建；明万历二十二年（1594）、清道光二年（1822）曾重修，现今仍保持明代建筑风格。

◆ 孔子墓甬道

过墓门之后便是甬道，古木参天，浓荫蔽日，石仪成群，直接通向孔子墓，人称"孔子墓甬道"。甬道两旁共有 4 对 8 件石仪，分别为望柱、文豹、甪端、翁仲。

孔林甬道

◆ 享殿

此殿是祭祀孔子时排摆香坛、宣读祭文的地方，平时摆放祭祀礼器。享殿为明弘治七年（1494）六十一代孙袭封衍圣公孔弘泰所建。明万历二十二年（1594）重修，清雍正九年（1731）重修时改为黄琉璃瓦，以示达到最高等级。

享殿既是祭祀孔子的"圣地"，又是革命历史纪念地。1950年10月，中国人民解放军第九兵团在曲阜召开抗美援朝军事动员大会。30日上午，会议在享殿前举行，朱德总司令受毛泽东主席委托，代表党中央、中央军委到会作抗美援朝、保家卫国的动员报告。

◆ 子贡手植楷

绕过享殿，进入孔子墓园，门内北侧有一枯楷树干，相传为孔子弟子子贡所植。树前有石碑1通，上书"子贡手植楷"。此楷树于清光绪八年（1882）曾遭雷火，现仅存一段树桩。树后有一碑，刻清初著名诗人施闰章《子贡手植楷》诗。树北有亭，呈方形，四面空透，不设墙栏。亭内立"楷图"碑，为清康熙五十一年（1712）刻。

孔林子贡手植楷

◆ 驻跸亭

在楷亭北孔子墓道东侧的高台上，南北整齐排列着三个古亭，这是纪念古代帝王来孔林祭祀孔子的建筑，称为"驻跸亭"。亭为四柱方形，均建于清代。最南为乾隆帝驻跸亭，建于四层台阶之上，北墙悬挂清高宗乾隆十三年（1748）御制诗木牌。乾隆曾多次亲至孔子墓祭祀。据说，他每次来孔林均在此休息。

中间为康熙驻跸亭，建于四层台阶上，内立圣祖仁皇帝驻跸亭碑。清康熙二十三年（1684），皇帝亲自至孔林祭拜孔子，并应衍圣公孔毓圻的请求准扩林地。孔氏家族为感念皇恩，特立碑建亭以示光荣。

最北为宋真宗驻跸亭，建于三层石阶之上，亭内立宋真宗驻跸亭碑1通。此亭是为纪念宋真宗曲阜朝圣、亲祭孔子墓而建。金时，亭在今孔林二门外侧东邻，明代在今享殿甬道东侧，清代康熙年间移入此处。

◆ **子贡庐墓处**

孔子去世后，孔门弟子相约为其服心丧三年。所谓心丧，就是不像孝子那样穿孝服，而是在心里默默地进行哀悼。三年后，诸弟子皆拜墓而别，只有子贡在墓旁结庐，继续为老师守墓三年，以表达对老师的深切哀悼之情。为纪念子贡这一尊师重道之举，明嘉靖二年（1523），由御史陈凤梧主持，在孔子墓西侧建"子

孔林子贡庐墓处

贡庐墓处"。此房清康熙年间重修，面东，3间，灰瓦顶。房前左侧立子贡庐墓处石碑1通。

重点墓冢

◆ 孔子墓

鲁哀公十六年（前479），孔子在鲁国去世后葬于鲁城北泗上。据《阙里文献考》记载，当时孔子的墓"茔不过百亩，封不过三版，祠宇不过三间"，后经历代恢扩，才日渐宏丽。今孔子墓封土东西30米，南北28米，高约5米，似一隆起的马背，故称"马鬣封"。墓前石碑2通，前碑篆书"大成至圣文宣王墓"，后碑篆书"宣圣墓"。碑前有石供案、石香炉、石砌拜台及砖砌花棂围墙等。石台，初为汉修，唐代时改为泰山运来的封禅石筑砌，清时又予以扩大。石案为明代雕刻，石鼎为清雍正年间制作。原

孔林孔子墓

来在神道旁有金章宗年间立的官员人等至此下马碑，宋真宗年间立的辇路碑，明代立的孔子神道碑，现已无存。

◆ 孔鲤墓

孔鲤墓位于孔子墓东侧，封土东西 18 米，南北 23 米，高 3 米，是一座大型坟冢。碑前立石碑 2 通，前碑正书"泗水侯墓"，有石供案、石香炉和砖砌拜台；后碑篆书"二世祖墓"。

孔鲤自幼受孔子的教诲，其"不学诗，无以言""不学礼，无以立"的故事，至今仍传为美谈。

◆ 孔伋墓

孔伋墓位于孔子墓南约 20 米处的高土台上，封土东西 18 米，南北 21 米，高 4 米，是一座大型墓冢。墓前立石碑 2 通，前碑正书"沂国述圣公墓"，后碑篆书"三世祖墓"。碑前有明代石供案和清代雍正年间刻制的石鼎等物。拜台前有翁仲一对，东西相对面而立，造型生动、古朴淳厚，为北宋宣和年间雕刻，清雍

孔林孔伋墓

正年间由享殿前移到此处。

孔伋，字子思，约生于周敬王三十七年（前483），卒于周威烈王二十四年（前402年），是战国时期著名的思想家，儒家学派的重要代表人物之一，人称"述圣"。

◆ 孔仁玉墓

位于孔子墓东北垣墙外约百米处，有一砖构双室墓穴，是孔氏家族中被誉为"中兴祖"的孔仁玉的墓葬。墓前有明代所立石碑，碑上篆书"宋兵部尚书袭封文宣公之墓"。

◆ 孔宗愿墓

历史上第一代衍圣公孔宗愿墓位于孔子墓墙西约50米处，封土东西11米，南北12米，高2.6米，是一座中型坟冢。墓前有石碑2通。

孔宗愿，字子庄，孔子第四十六代孙，孔延泽之子。宋宝元二年（1039）袭文宣王，至和二年（1055）改封衍圣公。

◆ 孔尚任墓

沿着环林路一直往东北走，在距林北墙约150米处，在古树掩映下可见一座中型坟冢，这就是我国清代著名剧作家孔尚任的长眠之地。墓前有石碑1通，正书"奉直大夫户部广东清吏司员外郎东塘先生之墓"。碑文由清朝名臣陈世倌书写。清雍正十三年（1735）立石，前有石刻供案。

孔林孔尚任墓

孔林明墓群

孔林清墓群

◆ 于氏坊与孔宪培墓

孔宪培墓位于孔林东北部，墓碑篆书"光禄大夫七十二世袭封衍圣公笃斋先生墓"。碑文由光禄大夫军机大臣董诰题。清嘉庆十九年（1814）三月，袭封衍圣公孔庆镕，孙孔繁灏立石。前有雕刻石供案、石鼎、石仪，原有享殿3间，已毁。甬道南端建有"鸾音褒德"坊，俗称"于氏坊"。

于氏坊建于清道光五年（1825）。道光三年（1823），孔宪培原配夫人于氏去世。五年皇帝派人御祭，七十三代衍圣公建立此坊，将祭文刻于正面，背面刻"鸾音褒德"四字，以歌颂于氏。相传于氏为清高宗乾隆之女，民间传说于氏生下来之后，面部有一黑痣。经相术先生讲主灾，必须把公主嫁于大福大贵之家，才能免此灾。乾隆考虑到只有山东孔府衍圣公是大福大贵之家，毕竟皇帝也受到朝代变更的局限，而孔府衍圣公却没此局限，特权越来越高。于是，乾隆皇帝决定让其女嫁到孔府。这样又违反朝廷规定，清顺治皇帝入关后规定，满汉不通婚，以防汉化。因公

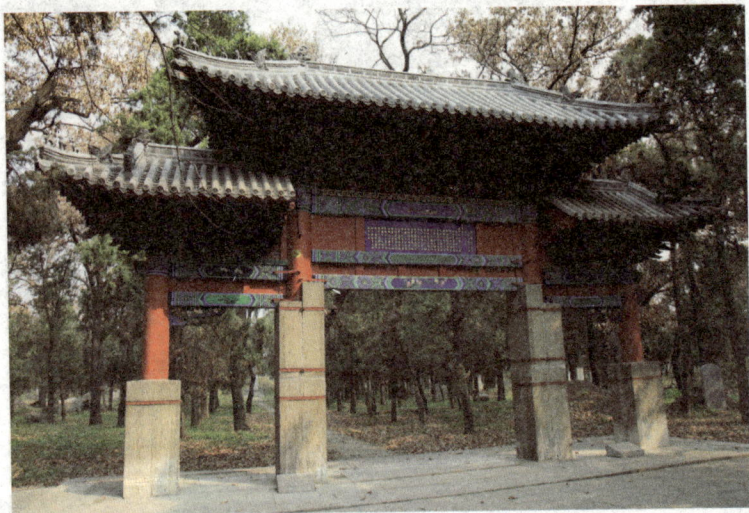

孔林于氏坊

主是满族人，衍圣公是汉族人，乾隆不得已而让女儿认中堂于敏中（汉族官员）为父，而正大光明地嫁到孔府来。

从孔府后世对于氏的祭祀规格，以及与乾隆皇帝的关系上看，于氏当为于敏中之女，乾隆皇帝之义女。故孔府以公主祀之。

◆ 孔令贻墓

孔令贻墓位于孔林内东北角，紧靠林墙。墓前石碑篆书"孔子七十六代孙袭封衍圣公燕庭先生墓"。碑文由北洋政府国务总理、外交总长、姻弟孙宝琦题写。孙宝琦乃孔令贻原配夫人孙氏之弟。墓前石仪为近年所立。

孔令贻生于 1872 年，卒于 1919 年。字谷孙，号燕庭，孔子七十六代孙，清光绪三年（1877）袭封衍圣公，备受清廷优渥。光绪十四年（1888）首次入京见帝，被赏赐"福""寿"各一张，并将皇帝御书孔庙"斯文在兹"额奉回曲阜。光绪二十年（1894），奉母偕妻入京为慈禧太后祝寿，亲受皇帝召见，母、妻留住御园，慈禧多次召见，亲同家人，赏给御书"寿"字，"松鹤""蟠桃"图等，孔令贻此行并获"赏戴双眼花翎"之荣。光绪三十二年（1906）奉旨稽查山东全省学务，先后到山东各州府考察，为地方教育作出过一定的贡献。在曲阜洙水之北，将原四氏学改为孔颜曾孟四氏师范学堂，自任学堂总理。宣统二年（1910），入京觐见新帝，被赏穿"带嗉貂褂"。民国八年（1919）获清废帝赏"紫禁城骑马"。民国期间，受到历任总统的优遇。1919 年 11 月，因背疮病逝于北京，大总统徐世昌命派专列将灵柩送回曲阜。

颜庙

颜庙又名"复圣庙",是祭祀孔子的弟子颜回的庙宇,位于曲阜明故城北门内东侧,原陋巷故址处。

颜回(前521—前481),字渊,又称子渊。他并不是颜氏家族中以颜为姓的第一人,却被后世子孙尊为"第一世祖",其后裔便以颜子第几代延顺。这主要是颜回在颜氏家族中社会声誉最高,他生前勤学善思,以礼修身,达到了名冠孔门弟子之首的境界,死后被儒家学子奉为楷模,尊称"颜子"。历代帝王屡加封赐,直至尊为"复圣"。

据《陋巷志》记载,汉时便有在颜氏祖庙基础上改建的颜子祠庙,依时供奉。汉高祖刘邦东巡过鲁,祭孔子,同时用少牢祭祀颜子祠,当时的颜子祠规模很小,具体始建年代不详。

北齐文宣帝天保元年(550),令鲁郡以时修葺坊内颜庙。五代时,后周太祖郭威于广顺二年(952)幸阙里,诏颜子后人颜涉为曲阜县主簿,敕兖州府出资修葺颜庙。金明昌四年(1193),因庙宇颓废,风雨难蔽,曾动用国帑(tǎng,国库里的钱财)大修。金末,毁于兵乱战火。元大德年末,庙宇因年久失修被毁。据金代孔元措《孔氏祖庭广记》"鲁国图"可以看出,此时颜庙的地理位置,在鲁故城东北部,今五泉庄附近。与杨奂《东游记》"东过颜侍郎墓林,城之址颜庙也"和王明远《重修兖国公庙记》"庙距孔庙七里,所在故城东北隅"的记载正好相吻合。元延祐四年(1317),因"祠宇年深,堂庭颓圮",朝廷决定在陋巷故址重建新庙(即今庙址),兴工于泰定三年(1326),竣工于致和元年(1328)。其间共修建大殿6间,东西两庑各4间,神门、颜乐亭、斋舍、神厨等建筑。"南北长百余步,东西广八十余步……",新庙落成后,将旧庙颜子像移入以祀。元至顺元年(1330),

颜庙大门

文宗封颜子为"兖国复圣公",故称复圣庙。元至正九年（1349）立碑纪成。

北宋熙宁年间，孔子四十六代孙于陋巷"始得其地，浚治其井，作亭于其上，命之曰颜乐"，此依据宋代著名书法家苏东坡的《颜乐亭诗》命名。金代时期，井存亭废。元代元贞年间重建颜乐亭。

明朝初年，颜庙殿庑门垣年久失修，洪武十五年（1382），五十五代衍圣公孔克坚等捐俸维修。正统元年（1436），颜子后裔以庙经历年久、庙宇门庑俱各损坏倒塌为由奏请重修，工部准奏，命兖州府于附近等县请拨夫匠修盖。竣工后，于正统六年（1441）明英宗御制碑文纪成。

明成化二十二年（1486），颜子六十一代孙因正庙损折大梁两根，御制碑楼并门庑等项已朽上疏请修，当即获准动工。弘治十五年（1502），御碑楼、大门及坊俱各倒塌，正殿两庑等建筑木料损坏，砖瓦脱落，渗漏数多。他再次上疏奏请重修，明孝宗允之，因孔庙工程没有结束，直到正德二年（1507）

六月才动工修建。此次修建是明代最大规模的一次维修，拨银1.12万两，前为复圣殿，西为杞国公殿，又为颜乐亭、陋巷井、亭、门、堂、寝、庑须咸备，"鼎新修建，规模宏敞，视昔有加"，至正德四年（1509年）七月工程竣工后，奏乞明武宗御制碑文以纪成功。

明万历六年（1578），由山东巡抚赵贤"下兴葺之令，取土木金石，征工僦功，完旧益新，凡更五月而告成"。万历二十二年（1594），郑汝璧于庙前建陋巷坊。万历三十年（1602），黄克缵等又加重修，历时近9个月，于是庙貌更新，俎笾有秩。

清代前期颜庙曾多次重修，均为地方官员捐资。顺治十一年（1654），山东巡抚带人捐修复圣殿；康熙二十年（1681），施维翰率山东官员捐银维修；康熙四十九年（1710）颜子六十七代孙颜光猷募捐重修杞国公殿、碑亭、石坊，并添建门外石栏。乾隆三十五年（1770）、四十一年（1776）为了迎接高宗皇帝来曲阜祭祀，颜庙历经维修，但规模都很小。至嘉庆十三年（1808）时，正殿、配房、启圣殿、退省堂、陋巷亭及其门楼牌坊等十几处均已倾斜倒塌，无有完整之处。经御史孔昭虔奏请，获嘉庆帝同意，拨国银4.23万两进行大修，维修"复圣庙各座殿宇门房共十八座，计六十八间；内补盖一座，计十三间；拆盖一座，计三间；拨正三座，计三间；揭盖十三座，计四十九间。外拆盖乐亭一座，陋巷井亭一座，揭盖重檐碑亭两座，粘修石碑坊三座，门楼八座，内补盖一座，揭五座"。复圣门、复圣殿、乐亭添换新绿琉璃瓦，所有建筑进行了彩画。殿内造神龛、供案、祭器、匾对、塑像等，这是自明正德年间大修以来的一次最大的工程，对所有的建筑都进行了全面维修。

清光绪年间，颜庙又进行了两次兴工维修，一次是光绪二十九年（1903），山东巡抚奏请拨银一万两维修颜庙、周公庙，两工并举，款绌不给，仅修正殿、寝殿、东西庑等处。光绪三十二年（1906）颜氏族人募集资金续修，才将工程告竣。

民国年间，由于战乱，无人顾及庙祀。1930年蒋冯阎大战，阎锡山部攻打曲阜，蒋军困守城内，攻战十余日，孔庙、颜庙、周公庙都不同程度地遭到破坏，而颜庙最甚。复圣殿被毁50余处，三代祠被炮弹击塌，其他各殿及围墙均有所毁，全庙几乎没有完整的建筑。1934年山东省政府主席韩复榘，由省库拨款维修，但因经费不足，仅修了正殿。

中华人民共和国成立后，政府对颜庙加强保护，进行修葺。工程最大的一次是1978至1980年，政府拨款进行大修，除1974年修的克己门、复礼门和1976年重修的杞国公殿外，对所有的殿、亭、门、庑都进行了揭瓦重修，并且更换了部分木构件。2006年，政府又投资对复圣殿进行落架大修，并对颜庙其他建筑及附属设施进行了全面维修，使其焕然一新。

◆ **陋巷坊**

位于颜庙正门偏东，陋巷街北端。明万历二十二年（1594）

陋巷坊

建。西梢间塌折，1985 年重修。坊刻"陋巷"二字。

◆ 复圣庙坊

坊位于庙的正门外，为石制，明正德二年（1507）修庙时添建。明间额篆书"复圣庙"三字，上面雕刻火焰。柱子呈八角形，两边柱上顶仰莲座，用石鼓夹抱，上端刻有云板，中间二柱踞蹲辟邪神兽。

◆ 卓冠贤科坊与优入圣域坊

两坊位于复圣门外东西两侧。建于明正德年间，3 间牌楼式。明万历三十九年（1611）重修，清康熙四十九年（1710），颜子六十七代孙颜光猷捐俸重建。

◆ 复圣门

颜庙大门。明正德二年（1507）始建，其后又加以重修，1980 年曾揭瓦修葺。门的上面有"复圣门"匾额，无款。

◆ 博文门、约礼门

此二门位于复圣门内的东西两侧，是颜庙的东西便门。明正德二年（1507）修庙时添建，门屋 3 间。原约礼门于 1965 年因扩路被拆除，1979 年仿博文门重建。二门得名于《论语》中颜子赞语"夫子循循然善诱人，博我以文，约我以礼"和孔子的"君子博学于文，约之以礼"。

◆ 陋巷井及亭

颜子当年吃水的水井，因颜子居陋巷而得名为"陋巷井"。宋熙宁年间，颜子之故居谓陋巷者，有井存焉，而不在颜氏者久矣。孔子四十六代孙始得其地，浚治其井，作亭于其上，命之为"颜乐"。元代初年亭已无存，元元贞年间，孔子五十三

陌巷故址碑及陌巷井亭

代孙袭封衍圣公孔治命颜族复构于故基。从元陌巷庙图上可以看出，亭在井的东侧，元代始于井上建亭，亭为方形，攒尖顶，明代亦是如此，清嘉庆十五年（1810）重修时曾拆盖。1979年揭瓦彩画，井壁为砖砌，井口用石砌成圆形，并且覆盖圆石，留有一小孔。井亭顶部留有一孔，与井口相对。井的北面有明嘉靖三十年（1551）立的"陌巷井"石碑1通，碑正面刻有清康熙时代年款，是其重修井亭后刻。在亭的前面有明万历六年（1578）立的"陌巷故址"石碑1通，以说明颜子所居陌巷的原址。

◆ 归仁门

此门是颜庙的第二道大门，元代时为颜庙的正门，名"棂星门"。从元代的庙图看，门实为坊，一门二柱出头式，无楼。明

成化二十二年（1486）倒塌，正德二年（1507）重建改为归仁门
3 间。清代嘉庆年间重修。1979 年揭瓦维修。此门与两侧掖门据
《论语》"颜渊问仁，子曰：'克己复礼为仁，一日克己复礼，
天下归仁焉'"命名。

◆ 克己门、复礼门

归仁门两侧的掖门，东为"克己门"，西为"复礼门"。二
门均为 3 间。建于明正德年间，虽经过多次重修，仍保留了明代
的建筑构件。

◆ 御制衮国复圣公新庙之碑亭

位于归仁门内东侧，明正统六年（1441）建，成化二十二
年（1486）重修，弘治十五年（1502）倒塌，正德二年（1507）
又重建，清康熙四十九年（1710）和嘉庆十五年（1810）重修。
亭内立明英宗"御制衮国复圣公新庙之碑"。亭墙外镶嵌小碑
8 块。

◆ 御制重修颜子庙碑亭

位于归仁门内西侧，明正德四年（1509）建，形制与正统碑
亭相同。亭内立明武宗"御制重修颜子庙碑"等 8 通石碑，亭墙
外镶嵌小碑 4 块。

◆ 仰圣门

此门与归仁门在一轴线上，元代名"神门"，明正德年间修
庙时改为"仰圣门"。后多次重修，1979 年揭瓦大修。门东西
各有一座角门，东为见进门，西为杞国公门。此二门为东西两路
的正门。见进门根据孔子赞扬颜子"吾见其进也，未见其止也"
而命名。

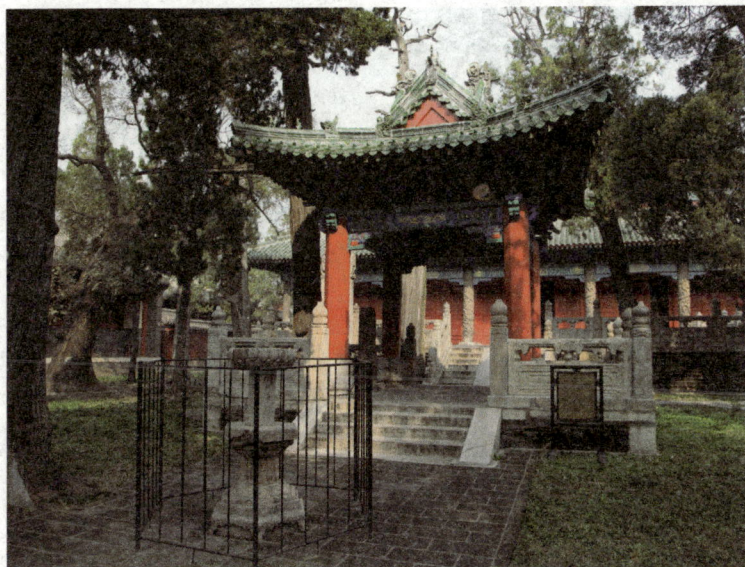

颜庙乐亭

◆ 乐亭

乐亭，始建于北宋熙宁年间，孔子四十六代孙孔宗翰建，当时乐亭不在今处，位于陋巷井东侧，元代初年已不存。元元贞年间重修，元泰定三年（1326）修庙时改亭为门。明正德二年（1507）修庙时移于今处，当时为单檐十字脊，四面悬山，后经多次重修。清嘉庆十七年（1812）拆盖，添换了绿琉璃瓦，1979年揭瓦重修。此亭得名于孔子赞扬颜子的话"一箪食，一瓢饮，在陋巷，人不堪其忧，回也不改其乐。贤哉回也！"。

◆ 龙柏图碑

在乐亭东南方向的石栏内，有一棵古柏树，形似华表，相传为唐柏，龙干虬枝，旁有柏图及柏赞石刻。

颜庙复圣殿

颜庙退省堂

◆ 复圣殿

复圣殿是颜庙的主体建筑，也是祭祀颜子的主要场所。此殿在元代时为5间重檐，明正统元年（1436）时，正庙倒塌，神像暴露，不避风雨，破损十分严重，四年重修，正德二年（1507）重建。明、清两代曾多次重修。1930年，阎、冯、蒋大战时，损毁严重，东山大梁折落，东北角柱被打断，东面斗拱全部被打落，1934年重修，1978年大修，拆卸彩画上部，更换了部分木构件。2006年全面大修。

◆ 寝殿

位于复圣殿后，是祭祀颜子夫人戴氏的殿宇。戴氏，宋国人，元元统二年（1334）被追封为兖国夫人，谥"贞素"。元代始建庙时名为"夫人殿"，重檐5间，明正统四年（1439）重修，正德二年（1507）重修庙时改为单檐5间。1930年寝殿被打坏多处，1934年重修，1979年又揭瓦大修。

◆ 杞国公殿

过杞国公门便是杞国公殿，是祭祀颜子父亲颜路的场所。颜路，名无繇，字路，孔子弟子。唐开元二十七年（739）追赠"杞伯"，宋大中祥符二年（1009）加封为"曲阜侯"，元元统三年（1335）加封为"杞国公"，谥"文裕"。元代建专祠祭祀，但具体位置不详。今殿有宋代建筑特点，亦有元代特色，是颜庙现存最早的建筑。

◆ 杞国公寝殿

位于杞国公殿后，祭祀颜子母亲姜氏的殿堂。姜氏为齐国人，元元统三年（1335）追封为杞国夫人，谥"端献"。元代杞国公庙有夫人殿，清康熙四十九年（1710）和嘉庆十六年（1811）重修。

◆ 重修复圣庙碑

此碑为 2011 年 6 月 11 日新立，根据曲阜市委、市政府"传承历史、打造精品、尊重传统、环境协调"的设计要求，由曲阜市文物管理委员会资料研究室设计，时任孔子研究院院长杨朝明、时任曲阜市文物管理委员会资料研究室主任彭庆涛撰文，工艺美术大师、济南市书法家协会原副主席朱学德篆额，中国书法家协会理事、山东省书法家协会副主席张仲亭书丹。

孟母林

　　孟母林，是"亚圣"孟轲父母及部分后裔的家族墓地，也是自战国延续至今的一处人造园林，位于曲阜城南13千米处的"孟子故里"凫村东侧的马鞍山麓。

　　林墓区的西部连接两个山头，形似马鞍，故名"马鞍山"。林在山冈，山在林中，柏、桧、楷、槲等古树蓊郁葱茏。孟母林占地面积约38万平方米，有各种树木1万余株，宋、元、明、清碑刻数百通。

　　林门前有一条长140余米的林道，顺林道入林，北行折西不

孟子故里坊

孟母林大门

孟母林古柏

孟母林享殿

孟母林孟母墓

　　远，有一红墙环绕的院落，前有大门楼一座，院内正中建享殿3间，是祭孟子父母的地方，始建于北宋景祐年间，清乾隆九年（1744）五经博士孟衍泰重建。殿内原有孟母塑像端坐于木雕神龛内。旁有孟子七十三代孙孟庆棠重修享殿的石碑1通，清光绪二十九年（1903）立。享殿后院，竖有神位碑，上刻楷书"启圣邾国公端范宣献夫人神位"。碑立于清代乾隆年间，碑前有石供案、香炉等。

　　享殿之西50米处，是孟子父母的合葬墓。墓前有石鼎炉、石烛台、石供案。正中并立3碑：中碑上刻楷书两行"启圣邾国公端范宣献夫人墓"，东碑上刻隶书"孟母墓碑"，西碑上刻隶书"邹国公坟庙碑"。

　　孟母墓南是孟氏二世祖孟仲子墓，墓前有碑，上刻"新泰伯孟仲子墓"。

　　孟母墓的东北，为孟子四十五代孙中兴祖孟宁墓，碑后有石，刻有孟氏"世系之图"。

在马鞍山的西峰南侧，建有文昌阁，阁面阔 1 间，分上下两层，阁西有望崂亭。

孟母林之西的凫村，是孟子的出生地，村内的东西大街为孟子故里街。街东首建有"孟子故里"坊。坊西路北，有坐北朝南的宅院，门上悬挂"孟子故宅"竖匾一方。进大门，是影壁墙，旁有焚纸香楼 1 间。过影壁，院北有正殿 3 间，灰瓦悬山顶，前厦后座，四梁八柱。殿内正中原有孟子父母塑像，东、西两间有对面配享塑像，东为孟氏始祖孟子，西为孟氏四十五代孙中兴祖孟宁。

1977 年，孟母林墓群被公布为山东省文物保护单位。2013 年，孟母林墓群被公布为全国重点文物保护单位。

周公庙

　　周公庙是祭祀我国西周初期伟大的思想家、政治家周公的庙宇，位于曲阜城东北的高阜之上。

　　周公姓姬，名旦，亦称叔旦。他是周文王第四子，周武王之弟，因采邑在周，爵为国公，所以被称为"周公"。公元前11世纪中叶，他曾佐武王伐纣灭商，以功封于鲁，成为鲁国的开国始祖，所以鲁人称他为"元公"。因被后世尊为"圣人"，所以又称"元圣"。武王死后，成王年幼，周公留相成王，不能到鲁国就封，由其长子伯禽到鲁国代父就封。又因周公功高，特许鲁国建太庙祀文王，用天子礼乐。周公卒后，葬于毕（今陕西西安北），谥号"文"，

周公庙棂星门

周公庙制礼作乐坊

周公庙康熙碑亭

因此又称"周文公"。成王以周公功勋卓著，特赐鲁国以天子之乐礼之，许鲁国立庙以祀之。周公于鲁为太祖，因此祭祀他的庙宇又称"太庙"。从鲁公伯禽算起，子孙世袭相沿，终顷公，历经780余年。直到楚灭鲁，鲁太庙也因周公之祀亡绝而荒废。

后世帝王对周公倍加尊崇，自汉代以来，即祀于学宫，列入国家祀典，被尊为"先圣"；唐代追封为"褒德王"，受祀于两京（京师、东都）；北宋大中祥符元年（1008），宋真宗赵恒东封过曲阜，亲拜周公于鲁太庙旧址，追封周公为"元圣文宪王"，诏令于太庙旧址重建周公庙，岁时奉祀；明成化二年（1466），始为周公庙置洒扫户；弘治十三年（1500），访得东野禄为周公六十九代孙，遂令其管理春秋祭祀；正德十三年（1518），开始设置祭田、祭器等；嘉靖和万历年间，又颁降祝文、定庙制，大修周公庙，奠定了现在的规模。清圣祖玄烨、高宗弘历曾多次亲临祭奠叩拜，并授东野氏为袭封翰林院五经博士，以主奉周公庙祀事。

周公庙历经宋、金、元、明、清历代增修扩建，形成了现在的规模。庙庭总面积达75亩（约5万平方米），四周红墙环绕，内分四进院落，有殿、堂、庑、亭、门、坊57间，历代古碑30余通，庙内有桧、柏、楷、槐等古树名木交织庇荫，蔚然壮观。合理的布局，紧凑的章法，使得这一古建筑为中外游人所向往，为古今学者所仰慕。1977年，周公庙被公布为山东省文物保护单位，2013年被公布为全国重点文物保护单位。

◆ 元圣殿

殿阔5间，深3间，建于砖石砌筑的高台基之上，六梁二十四柱，皆红漆，前有回廊。殿内正中上悬"明德勤施"横匾，两旁金柱上挂木雕对联，上联书"官礼功成宗国馨香传永世"，下联书"图书象演尼山统绪本先型"，均为乾隆皇帝手书。

殿内正中有木雕神龛楼一座，内有周公塑像。像高2.6米，

周公庙元圣殿

宽 1.1 米，头戴十二冕旒，身穿十二章青袍盘龙服，牌位刻"元圣周公文宪王之神位"。东山墙神龛楼一座，西向，内塑鲁公伯禽塑像，像高 2.3 米，宽约 1 米，身穿九章云龙蓝袍，神牌刻"鲁公伯禽之神位"。西山墙面向东，有泥塑站像一尊，为金人塑像，背书"金人铭"金文金字。此殿 1953 年全部落架重建，塑像为 1985 年重塑。

◆ 曲阜鲁国故城

周公封鲁，伯禽立国，筑鲁都城，距今已有 3000 多年的历史。鲁故城是西周诸侯国都城的样板。周公在兴周灭商、辅佐成王和创立周代礼乐制度方面功勋卓著，受到周王朝的极大尊崇，周公及其后裔的封国鲁国在周代诸侯国中也就具有了特殊的地位，其等级待遇高于其他诸侯国，仅次于周王室。正是这个缘故，在诸侯国都城中，鲁国都城的等级和形态也最接近于周王朝都城，为其他诸侯国所效法。

周公庙元圣殿周公像

鲁故城分内城和外城两部分。《左传·成公九年》载："城中城"，意即鲁国在城内又修建小城。外城平面呈不规则的圆角长方形，东西最长处 3.7 千米，南北最宽处 2.7 千米，四周有宽 30 米左右的城壕。有 11 门，其中东、西、北三面各 3 座，南面 2 座。城内已探出东西和南北干道各 5 条，皆同城门和重要遗迹相通。城中心是宏大的宫殿建筑群，证实为春秋至西汉的鲁王宫城。在宫殿区的东、西、北三面环绕着铸铜、冶铁、制陶、制骨等手工业作坊和一些居民区。

鲁国故城是曲阜最深厚的历史文化依托，环绕鲁国故城构成了一个丰富而珍贵的历史文化遗产群。故城内的孔庙、孔府、孔林、颜庙、周公庙等文物古迹，充实了该遗址的文化内涵，是构成曲阜历史环境的主要人文要素。1961 年，鲁国故城被国务院公布为首批全国重点文物保护单位。

2010 年 10 月，曲阜鲁国故城考古遗址公园被列入第一批国家考古遗址公园立项名单。

寿丘位于曲阜城东北 3 千米处的旧县村东北处，是轩辕黄帝的出生地。黄帝是古史传说中的先皇古帝之一，英明有为，从东方向西方融合远古先民各部落，统一为华夏民族，开创了中国早期的文明时代，被尊为华夏民族的共同祖先。

宋真宗于大中祥符五年（1012）以轩辕黄帝为赵氏始祖，即召宰相王旦等至延恩殿，历观临降之所，并布告天下。命参知政事丁谓、翰林学士李宗谔、龙图阁待制陈彭年与礼官修崇奉仪注，并主持召集文官察访确认黄帝降生之寿丘所在之地。闰十月召集

寿丘坊

寿丘宋代巨碑

群臣审定，确认曲阜寿丘为黄帝出生地后，下诏京城与曲阜寿丘各修建景灵宫1处。京城景灵宫奉祀黄帝及赵氏先皇诸"神仙"，曲阜景灵宫祭祀始祖黄帝及圣母。真宗颁诏将曲阜更名仙源县，属袭庆府（后改兖州府）。《宋书·真宗本纪》记载："戊寅，建景灵宫太极观于寿丘。"明代万历年间刻本《兖州府志·沿革志》："宋大中祥符五年，以轩辕降于延恩殿，谓曲阜有寿丘，改名仙源，属袭庆府。"

曲阜景灵宫由当时宰相王旦负责督建，《宋书·王旦传》："旦为兖州景灵宫朝修使，内臣周怀政偕行。""凡役工至三四万"，所建宫观1320余间。

大中祥符九年（1016），寿丘景灵宫太极观建成。

天禧元年（1017），真宗特遣集贤殿大学士、宰相王旦，尚书工部侍郎、参知政事赵安仁充"奉上册宝使"，到曲阜奉安圣祖玉石像，上圣母懿号。来曲阜前，真宗特斋于长春殿，又于文德殿向圣母行酌献礼，拜受册宝于王旦，授仙衣于赵安仁，以升金辂。具卤簿，仪卫所过，禁屠宰。三月，王旦等到达寿丘景灵宫，行奉安圣祖黄帝玉石圣像典礼，又诣太极观上嫘祖懿号曰"圣祖母元天大圣后"。其繁荣景象，盛极一时。

然而，就在十几年后的宋仁宗天圣年间，景灵宫建筑群遭遇火灾，琼阁玉宇焚毁殆尽。不久，仁宗赵祯下诏重修。宋徽宗政和元年（1111），"诏郡县名犯先圣讳者悉改之"，曲阜"寿丘"即以避孔子名讳而改称"寿陵"。同时，道君皇帝赵佶对寿丘景灵宫进行了第二次大修，现在耸立于院中的"万人愁"等巨碑就是这次大修时的遗存。但这次大修还未最后完工，宣和末年爆发了金兵南侵的战争，致使工程半途而废。

金大定二十一年（1181），孔子五十代孙孔摠任曲阜县令，重修被金兵战火毁坏的仙源县城，并修葺景灵宫太极观。元顺帝至正七年（1347），孔子五十五代孙曲阜县尹孔克钦筹集款银，对景灵宫进行重修。

少昊陵大门

少昊陵享殿

寿丘台

少昊陵墓

曲阜景灵宫建筑群与曲阜县衙、县学整合为一体，大致占据了宋代仙源县城内东部一带。其布局为：前部东为县衙，西为县学；中部为景灵宫、太极观、四座大碑、东西配庑等；后部为叠石建筑——寿丘，寿丘后有褒丘，即少昊陵墓。《阙里志·古冢》记载："少昊陵，在寿丘北三十步，少昊葬于云阳。"

元代至正年间又曾经做过修缮，元代末年，曲阜景灵宫被废，改建仙源县城时，北城墙将景灵宫建筑群遗址割断，分割为城内和城外两大部分。

明洪武三年（1370），"遣使访先代陵寝，仍命各行省具图以进"。曲阜县将少昊陵画图上报，"祀帝王三十五……在山东者二：东平祀唐尧，曲阜祀少昊"。曲阜县将寿丘并少昊陵一并单列院墙圈入少昊陵园，自此以后，那1320余间殿堂的景灵宫，也就只能作为历史遗址成为一个不太为人所熟知的记忆符号了。

1985年，景灵宫遗址被公布为济宁市文物保护单位。遗址上残存巨碑2通，东碑俗称"万人愁"碑，于1991年复立；西碑俗称"庆寿"碑，于1992年复立。当时由于西碑赑屃座未能找到，维修时按东碑仿做。2009年6月，在"庆寿"碑西发掘出土了西碑赑屃座。2019年10月，少昊陵及景灵宫遗址被公布为全国重点文物保护单位。

启圣王林（梁公林）

启圣王林，简称启圣林，俗称梁公林，是孔子父亲叔梁纥、母亲颜征在的合葬墓地。孔子兄孟皮亦葬于此。林地位于曲阜城东的泗河南岸，防山之阴。乾隆《曲阜县志》记载：启圣王林，在县城东二十五里，俗称曰梁公林，《檀弓》所谓防墓，孔子即得合葬于防是也。南对防山，北阻泗水，墓之东南数武，为圣兄孟皮墓。

金世宗大定十九年（1179），孔子五十代孙袭封衍圣公孔摠首次于梁公林建造殿、堂、庑、亭20余间。五十一代孙袭封

梁公林大门

梁公林甬道

梁公林启圣王墓

衍圣公孔元措始于墓前立"圣考齐国公墓"碑，并重修林墓殿堂。五十五代孙袭封衍圣公孔克坚以"圣考齐国公加封'启圣王'，既以褒王爵，已加前代之尊荣，展列石仪，诚为清朝之盛典"为据，在墓前初列石仪，并与曲阜世尹孔克钦重建林门、神道、坟墙、享堂等。明永乐年间，五十六代孙孔希范始立"圣兄伯尼墓"碑。清康熙十年（1671），六十七代孙袭封衍圣公孔毓圻又予重修，"先筑四面围墙，次建享殿五楹，筑内围墙，增建林门三楹"，形成现存规模。七十一代孙袭封衍圣公孔昭焕又改建享殿 5 间，林门 3 间。

现在的梁公林，南北长 200 米，东西宽约 143 米，四周围以林墙，有柏、桧、楷、槲各种树木 460 余棵。林前辟有神道，神道北端为大门 3 间，左、右砌成"八"字形墙垣，门前东侧有"启圣王墓"石碑。原立于大门两侧的一对石狮现移入院内保护。1992 年，梁公林被公布为山东省重点文物保护单位。

孔子博物馆

　　孔子博物馆是为了纪念孔子、集中展示孔子思想学说、传播弘扬以儒家文化为代表的传统文化而建设的博物馆，位于山东省曲阜市孔子大道 100 号。主馆建筑以仿汉式建筑为基调，是一座主题鲜明、综合性的大型现代化博物馆。馆区总建筑面积 5.5 万平方米，其中主馆面积 4.2 万平方米，东部平台 1.3 万平方米。2019 年 9 月正式开馆，2020 年 12 月被评定为国家一级博物馆。

　　孔子博物馆的藏品主要源自历史上孔府千百年来积累的旧藏，而它深厚的文化依托是孔子故里悠久灿烂的历史。孔子博物馆是"三孔"文化遗产的延伸，馆藏丰富，拥有各类馆藏文物

孔子博物馆鸟瞰图

孔子博物馆外景

孔子博物馆序厅

70 万件，包括明代以来的 30 万件孔府私家文书档案、宋代以来 4 万多册善本古书、8000 多件明清衣冠服饰以及大量与祭祀孔子有关的礼乐器等。

孔子博物馆常设展陈分为上行展厅和下行展厅：上行展厅为基本陈列"大哉孔子"，由序厅和五个部分构成，五个部分的内容分别为孔子的时代、孔子的一生、孔子的智慧、孔子与中华文明、孔子与世界文明。下行展厅为"孔府旧藏文物珍品展"，展示孔府诗礼传家的历史及孔府历代珍藏。

大哉孔子

◆ 孔子的时代

黄海之滨，泰山岩岩，大河汤汤。山东地区早在数十万年前就有了人类活动的踪迹，是中华文明重要的发祥地之一。西周初年，周公旦获封于洙泗之滨的商奄故地，建立鲁国。即使在诸侯争霸、

孔子博物馆展厅——"孔子的时代"

礼崩乐坏的春秋时期，鲁国仍较多地保存了西周的礼乐制度。孔子"祖述尧舜，宪章文武"，他的思想是早期中华文明的结晶。

周王室东迁后，天子威望骤降，诸侯争霸，干戈不息。在孔子的时代，诸侯国内世卿、大夫摄政擅权，礼崩乐坏，社会动荡，民生维艰。这场翻天覆地的时代变动，也激发了思想者们积极的思考。面对时代的困局，孔子的学说有着重大的现实意义。

鲁国是拱卫王室的东方强藩，势力强大，文化昌盛。春秋时期，鲁国局势动荡，但不乏好古知礼、心怀天下的有志之士，孔子是其中杰出的代表。战国末年，楚国吞灭鲁国，然而尊崇礼乐的传统却存续在鲁人的生活习俗之中。鲁国故城见证了鲁国的风雨兴衰，是今人追念孔子及其时代的物质遗存。

◆ 孔子的一生

孔子是伟大的思想家、教育家，儒家学派的创始人。他少年立志向学，青年游周适齐，壮年出仕谋政，周游列国，晚年归鲁兴学，纂订六经，垂范后世。

孔子父母早亡，家世贫寒。他年轻时担任过一些小的官职，曾入鲁国太庙访求礼乐，赴洛邑问道老子，适齐劝谏景公勤政治国。

孔子博物馆展厅——"孔子的一生"

孔子好学敏求，为后来的事业打下了良好的基础。

自齐返鲁，孔子退修诗书，开办私学。他有教无类，因材施教，循循善诱，为社会培养了大批德才兼备的君子，形成了一整套对后世产生深刻影响的教育方法与理念。

为了实现其政治理想，孔子在知命之年开始出仕。他化行中都，辅相定公，赴夹谷之会，定堕三都之策，尊崇公室，捍卫国家的利益。尽管仕途短暂，孔子仍展现出一位杰出政治家的才能和魄力。

齐国施压，季氏轻慢，孔子在鲁国政坛遭到挫折。鲁定公十三年（前497），孔子愤然离开鲁国，周游列国。此后的十四年间，他历尽艰辛，到过卫、曹、宋、郑、陈、蔡等国，但其政治抱负均未得以施展。

鲁哀公十一年（前484），应季康子邀召，孔子自卫返鲁。年近古稀的孔子专注于教育和文化传承，他广收弟子，不遗余力地整理古代典籍，成为中国早期文化知识的集大成者，其思想的光芒超越了有限的生命。

◆ 孔子的智慧

从治学弘道到教书育人，从人生哲学到治国理政，从反思历史到认识万物，孔子的智慧钩深致远，孔子的思想博大精深。他以仁为核心，以礼为规范，以中庸为方法，引导人们建设一个美好的大同世界。孔子创立的儒家思想体系是中国历史与文化的结晶，是中国传统文化的主轴。

面对礼崩乐坏的乱象，孔子志在匡时救世，建立一个德治仁爱的社会，后世儒家将其阐发为"大同"理想。大同理想体现了中国人对美好生活的向往，影响深远。

孔子将建设理想社会的希望寄托于人，而非神明，最能体现这种思想的是他所说的"仁"。"仁"包含着人与人之间的真诚、敬爱、亲善，代表了人的良好品质和德性，是对人的本质的发现与认识。孔子还提出了寻求仁的途径，即通过加强自身修养，履

孔子博物馆展厅——"孔子的智慧"

行对亲人的责任，进而推及对于国家与天下的担当。

儒家贵仁崇礼，认为仁是礼乐的灵魂，礼乐是仁的外在表达。礼，以习俗、规则、制度的形式示人；乐，则用节奏、旋律调和人心，二者互为表里，缺一不可。孔子重视礼的教化作用，他将礼视作修身、齐家、治国的基础，倡导君子以谦退为礼，以损减为乐。

"中"即中正、中和，"庸"与"用"相通，中庸之道即用中之道，意思是按照合适的方式做事。孔子的中庸思想将早期政治道德中"执中"的理念提升为道，用于指导人们的行为。他主张"执两用中"，即抓住事物的两端，在矛盾之中探求最恰当的解决途径。"和而不同"和"时中"是孔子对中庸思想的进一步丰富，前者强调在差异中寻求和谐，后者针对复杂的时势讲究权变，以求恰如其分。

◆ 孔子与中华文明

柳诒徵曾讲道："孔子者，中国文化之中心也。无孔子则无

孔子博物馆展厅——"孔子与中华文明"

中国文化。自孔子以前数千年之文化，赖孔子而传；自孔子以后数千年之文化，赖孔子而开。"作为中国历史上承前启后的伟大的圣人，孔子开创的儒家学说根植于中华大地，历经两千多年的风风雨雨，不断发展完善，成为中国传统文化的主流，同时对历代政治、经济、文化等方方面面都产生了深远的影响。

◆ 孔子与世界文明

孔子是中国的，也是世界的。两千多年来，孔子的学说跨山越洋，由近及远向四方传播，为世界文明作出了重要贡献。首先，朝鲜半岛、日本及东南亚深受儒学的影响，儒学极大地推进了各国的社会稳定、经济发展与文化繁荣，在古代东方形成一个"儒学文化圈"。其次，东西方文化的交流由来已久，儒学从16世纪开始传入西方世界，成为西方近代启蒙思想的重要来源之一。今天，西方社会也充分肯定孔子与儒家文化的价值，儒家的许多理念越来越为各国人民所认同。

孔子博物馆展厅——"孔子与世界文明"

孔府旧藏文物珍品展

◆ 余荫百世

西汉初年，儒学渐趋复兴，孔子后裔的地位得到提升。汉高祖时期，朝廷封孔子九代孙孔腾为"奉祀君"，是为孔子嫡裔受封之始。宋仁宗时期，封四十六代孙孔宗愿为"衍圣公"，此后该封号虽有短暂变更，但世代沿袭，直至 1935 年改封七十七代孙孔德成为"大成至圣先师奉祀官"。衍圣公府的兴起与发展，是历代帝王尊孔崇儒的历史缩影。

◆ 孔府档案

孔府档案是明代至民国时期衍圣公府相关活动的文书资料集成，主要包括有关衍圣公袭封、选官、朝觐、祭祀、修谱等内容，涵盖政治、经济、文化、宗族等领域，从官方公文到寻常书信，

孔子博物馆展厅——"诗礼传家"

形式不一而足。孔府档案共 30 余万件，是中国现存数量最多、内容最为广博的家族文献，蕴藏着巨大的文化价值。

◆ 旧藏服饰

孔府传世的明清服饰有 8000 余件，包括绫、罗、绸、缎、绉、纱等多种面料，刺绣、缂丝、手绘、印染等多种工艺手段，涵盖了朝服、礼服、公服、常服、吉服、便服、丧服等男女服饰种类，以及服装配饰、头饰等附属品类，可谓浩繁，实为中国古代服饰文化的典型代表，体现了当时的舆服制度和高超的服饰制作工艺。孔府服饰是研究明清中国传统服饰的"活化石"，对于东方服饰文化研究具有重要的历史和美学价值。

◆ 孔氏家谱

孔氏宗族从孔子开始，至今已经承袭了 80 多代，延续了2000 多年的历史。孔氏家族有历代修谱的传统，所以孔氏家谱这个展厅展示了历代修谱的历史以及一些相关资料。孔氏家谱以

孔子博物馆展厅——圣迹厅

其延时之长、族系之明、纂辑之广、核查之实、体例之备、保存之全，堪称世界私家谱牒之冠。

孔子博物馆下行空间的"孔府旧藏文物珍品展"不断推出新的陈列展览，如近几年推出的"钦承圣绪——馆藏清代衍圣公印章展""齐明盛服——明代衍圣公服饰展""清代衍圣公服饰展""孔府旧藏锡餐具展""诗书继世——孔府刻书展""六礼锦书——孔府旧藏婚书喜启展"等，将孔府旧藏的精品文物分类展出，结合现代展陈科技方式，让人耳目一新，受到了广大观众的欢迎。

在孔子博物馆基座层的临时展厅，每年还有多个精品展览，如"孔府过大年文物展"系列、"孔府旧藏扇子展""先师圣迹——《孔子圣迹图》版本展""根与魂——曲阜汉魏碑刻展""纤云弄巧——孔府旧藏刺绣文物展"等。孔子博物馆锚定文化"两创"，展示中华文明，让文物说话，为传统文化插上时代的翅膀。

尼山圣境，全称尼山圣境文化旅游度假区，是山东省文化旅游产业重点工程，总区域范围35.76平方千米。其以"明礼生活方式"为核心文化主题，以"文化修贤度假胜地"和"世界级人文旅游目的地"为功能定位，致力于打造集文化体验、修学启智、休闲旅游、生态旅游、休闲度假于一体的复合型文化度假产业综合体。

　　"山不在高，有仙则名。"尼山，其奇难越三山，高不过五

尼山鸟瞰图

尼山圣境

岳，却因孔子诞生于此，成为中国历史上开启智慧源头的"圣地"之一，古往今来备受海内外关注。尼山圣境正是紧紧围绕孔子和儒学的文化核心，以孔子像、金声玉振广场、观水台、大学堂、七十二贤廊、尼山孔庙、尼山书院、夫子洞等主要景观以及大型礼乐演出《金声玉振》、夜游"光影水秀"共同组成了一个完整的儒文化主题景区。尼山圣境景区共分为三期：一期项目核心区位于孔子湖北面，建设项目包括孔子像、大学堂、尼山孔庙、智水书院、耕读书院等，二期项目则包括贤林书院、仁山书院、全球孔子学院联盟基地、环湖生态休憩带等，三期项目主要集中在尼山水库南侧，包括尼山创意产业园、尼山国际艺术中心等。其中尼山圣境一期是度假区的核心景区，包含以孔子像为核心的中央主轴区、大学堂、鲁源游客集散中心等。

"吾十有五而志于学，三十而立，四十而不惑，五十而知天命，六十而耳顺，七十而从心所欲，不逾矩。"孔子晚年曾这样评价自己。从孔子湖一直到孔子像前，尼山圣境中央主轴上的泮水桥、辟雍广场、而立门、不惑台、天命大道、耳顺广场正是根据孔子对于人生各个重要阶段的感受布局的，是一条引领人们一步步走近孔子的"朝圣之路"。

其中泮水桥和辟雍广场命名与中国古代的学宫制度有关。《礼记·王制》记曰："大学在郊，天子曰辟雍，诸侯曰泮宫。"泮宫与辟雍正是先秦时期的学宫，是国家的最高学府，其中天子所设立的大学名为"辟雍"，诸侯所设则名曰"泮宫"。"泮"即"半"也；"辟雍"，四周环水，中央建堂，俯瞰如玉璧。诸侯所设学校在等级上低于天子，因此只能以半水环之，故称"泮水"。后世又以泮宫为学宫，入学即言"入泮"。因此，泮水桥和辟雍广场正是"志于学"的直接体现。

而立门、不惑台、天命大道和耳顺广场则是直接得名于《论语》中的原句。其中，而立门是一座高台式建筑，由 30 根立柱支撑起来的，寓意着三十而立的人生。孔子曾教导他的儿子孔鲤道："不学诗，无以言；不学礼，无以立。"古代学子通过发奋学习，从此担当起为人的责任、家的责任、社会的责任。而立门两侧有两座阙楼，左侧为钟楼，右边为鼓楼。中国传统的钟鼓楼分为宫城钟鼓楼与都城钟鼓楼，其大多是两层建筑。钟、鼓功能众多，宫廷中的除报时以外，还作为朝会、宴饮以及集体活动下的礼仪之用，如在《诗经》中就有"钟鼓既设，一朝飨之"的诗句；而城市钟鼓楼中设置的钟鼓则主要是起到报时、示警的作用。在而立门旁设置钟鼓楼也鼓舞和警示人们在三十而立这样的重要人生节点能够树立远大理想，更好地展开人生新的篇章。

此外，在尼山圣境中轴线上还有观水台、"尼山圣迹"坊、金声玉振广场等蕴含丰富的文化意涵和儒家智慧的建筑及区域。观水台在孔子湖北，顾名思义，就是观看流水的地方。逝者如斯流昼夜，君子见必观其德。《荀子·宥坐》中记有子贡与孔子论水一事，子贡问孔子："君子之所以见大水必观焉者，是何？"孔子认为水有"九德"，即德、义、道、勇、法、正、察、善化、志，"是故见大水必观焉"。观水台北望即是"尼山圣迹"坊，坊高 12 米，宽 24 米，"尼山圣迹"四字为著名红学家、国学大师冯其庸先生在 90 岁时亲笔题写。

◆ 金声玉振广场

孟子曰："孔子之谓集大成。集大成也者，金声而玉振之也。金声也者，始条理也；玉振之也者，终条理也。始条理者，智之事也；终条理者，圣之事也。"此语正是金声玉振广场之名的由来。古代祭典奏乐以击钟开始，以击磬结束，故而"金声玉振"表示典礼奏乐由始而终。孟子正是以音乐演奏为比喻，称赞孔子是上古思想的集大成。"先孔子而圣者，非孔子无以明；后孔子而圣者，非孔子无以法。"在孔子之前，中华文化已经有两千五百多年之发展，通过整理"六经"，孔子把这些文明成果进行总结，不但使尧舜禹汤等上古圣贤的思想得以传承，而且吸收转化，集之大成；孔子之后，中华文化又有两千五百多年之演进，历代儒者的思想又都是从孔子这里生发出去。

◆ 孔子铜像

高大威仪、庄严神圣的孔子像是尼山圣境的最高点，也是整个景区最醒目的建筑。孔子像是由著名雕塑家吴显林先生主持设计，并以唐代画圣吴道子的《先师孔子行教像》为参考，按照"可亲、可敬、师者、长者、智者"的形象定位来设计创作，历时将近三年，于 2015 年 12 月份正式落成。"千年礼乐归东鲁，万古衣冠拜素王。"孔子未居帝位，而有帝王之德，因此孔子像坐北面南偏东 9.5 度，象征着孔子享受九五之尊的礼遇。同时，孔子像高 72 米，两侧山体种植了 3000 棵杏树，寓意着孔子三千弟子，其贤者七十二人。

◆ 大学堂

中轴线东侧恢宏壮观的大型建筑就是大学堂，又称儒宫，其名字来源于《大学》："大学之道，在明明德，在亲民，在止于至善。"作为尼山圣境的核心景观之一，大学堂依山而建，整体呈退台式建筑的形制，总高65米，共9层，建筑面积有6.7万平方米，主要有集贤厅、大学之道、七十二贤廊、五厅、礼乐堂等，是一座集博物、典礼、讲堂、会议、演艺于一体的综合性文化旅游建筑。

集贤厅是大学堂的入口大厅，在功能上起到游客服务中心的作用，为游客提供接待、咨询，以及行李寄存、诉求建议等服务。在集贤厅内有六组精美的刺绣屏风，主题为"尼山六景"。"尼山六景"采用苏绣中最复杂的双面绣工艺，由国内顶级苏绣大师和绣娘共同绣制而成，通过多种技法表现尼山圣境的绝美意境。而在集贤厅上顶中央还有一架巨大的"麟凤呈祥"藻井，此藻井共分上、中、下三层，上为圆井，下为方井，中为八角井。这种设计正体现了中国"上天下地""天圆地方"的传统观念。整座"麟凤呈祥"藻井，每片花板都雕刻同样的"麟凤呈祥"纹样，华美瑰丽。集贤厅正中位置即为大学之道，通过此台阶即到达二楼的仲尼之门。大学之道每阶宽13.5米，由80个台阶组成。游

尼山圣境大学堂

客登阶由低到高，也有学问由浅入深、渐入佳境，最终登堂入室，得进仲尼之门，成为君子之意。

七十二贤廊，东西长 105 米，南北宽 17.5 米，高 16 米，是大学堂最重要的文化空间之一。长廊内最引人注目的便是两侧 30 组的圣贤塑像，它们全都取材于《论语》《孟子》《左传》《史记》等传统典籍，讲述了孔子及其弟子的故事。通过群雕、情景雕等形式，立体地展现了孔门弟子鲜明的人物特性和形象。在这些雕塑群组中，颜回、闵子骞、子路、子贡、曾子等七十二贤人个性鲜明，不是被动的受教者，而是儒家学说积极的参与者、创造者、宣传者。

以仁、义、礼、智、信命名的五厅是大学堂的核心区域。其中仁厅居中，是最大的主厅。仁厅可同时容纳 1500 人进行学习、庆典以及会议活动，所以仁厅也被称为课堂、礼堂、殿堂。"义、礼、智、信"四个厅则围绕在仁厅四周，以书法、壁画、铜雕、漆画等不同的方式向世人讲述孔子的思想，展示为人处世的道理，表现出深厚的文化内涵。

除了可供参观游览的景点、建筑，尼山圣境还提供舞台剧、

尼山圣境七十二贤廊

灯光秀等多种展演、体验活动。其中，《金声玉振》大型演艺活动，以"世界的孔子"和"孔子的世界"作为立意方向，将诗、乐、舞等中国古典艺术形式与当代科技艺术手段相结合，是一场推行明礼生活方式、弘扬中华优秀传统文化的文艺力作。整场演出纵贯人的一生，展现普通人在儒家思想的影响下"由凡入圣"的生命历程。此外，尼山圣境推出文化夜游尼山圣秀、"天下归仁"、礼敬先师、"手读《论语》"、尼山食礼等文化体验项目，为游客提供更为震撼的礼乐文明体验。

尼山孔庙及书院

此外，尼山孔庙及书院、夫子洞等也被划归在尼山景区内。尼山孔庙位于尼山东麓，因孔子的父亲叔梁纥和母亲颜征在曾在

尼山孔庙大门

尼山孔庙大成殿

尼山孔庙启圣王殿

尼山祈祷而生孔子，故后世以建庙奉祀，唐《括地志》载："叔梁纥庙亦名尼丘山祠，在兖州泗水县五十里尼丘山东趾。"后来尼山孔庙逐渐以祭祀孔子为主。北宋时，孔子四十六代孙孔宗愿"作新宫，有庙，有夫子之殿，有夫人之位，有讲堂，有学舍，有祭田"，尼山孔庙开始兼有书院的教育功能。现尼山建筑群前为庙宇，后为书院，各自独立成区。

尼山书院

尼山孔庙具有重要的历史价值和文化意义，1977年被公布为山东省重点文物保护单位，2006年被公布为全国重点文物保护单位，2007年作为"三孔世界遗产扩展项目"列入中国世界

观川亭

文化遗产预备名单。

　　夫子洞，又称"坤灵洞"，位于观川亭的山崖下，相传孔子出生在此洞。坤灵洞之谓始见于金孔元措《孔氏祖庭广记》的"尼山"之图中，1978年此洞被清理重修。

　　巍巍尼山，文脉绵长。尼山圣境以"明礼生活方式"核心文化主题，探索旅游"文化+"新模式，更好地展现"孔子的世界，世界的孔子"，铸就"文化圣地"！

夫子洞

　　孔子研究院位于曲阜市孔庙南约 500 米，是经国务院批准设立的研究机构，具有文献收藏、信息交流、学术研究、人才培养、博物展览五项功能，规划建设成为世界儒学研究与交流中心。孔子研究院院门朝东，有门三间。屋檐下面悬挂着"孔子研究院"字样的贴金铜匾。

　　中国建筑设计界泰斗吴良镛先生在规划设计孔子研究院时，

孔子研究院主体建筑

孔子研究院大门

提出了"礼乐文化轴线"的设想——礼乐文化是儒家文化的重要组成部分，甚至可以称为核心部分。以曲阜市大成路为线，向北800米，直达孔庙；向南延伸25千米，正通到邹城孟庙，孔庙和孟庙处于一条直线上，遥相呼应。沿线分布着孔子研究院、孔子文化园、孔子博物馆等礼制建筑，齐整而有序，规范着这座城市的基本特性，构成礼乐文化轴线中的"礼文化线"。而在南边不远处，发源于孔子诞生地尼山的大沂河、小沂河自东向西流过，释放出轻松、亲切的生活气息，构成礼乐文化轴线中的"乐文化线"。一纵一横，两条礼乐文化轴线构成了曲阜这座城市的整体架构。

作为礼乐文化轴线的中心，孔子研究院的设计也分外独特。吴先生在规划孔子研究院的过程中就以建立一个中国风格的建筑思想体系为目标，综合运用孔子的礼乐思想、中庸思想、山水比德思想，把整个院落按照发源于"河图""洛书"的"九宫格"理念进行布局，将全院分成既相互独立，又自由通透的九个部分。而河图、洛书、凤凰这些关于盛世和圣人的隐喻，又寄托着孔子

孔子研究院展厅内景

深远的文化理想。

与这一设计思想相一致，孔子研究院的发展目标，则是建设"三个中心、两个基地"：世界儒学研究交流中心、中国优秀传统文化教育传播中心、世界儒学文献收藏中心、孔子学院总部体验基地、干部政德教育基地。

我们今天看到的孔子学院总部体验基地，面积约 12000 平方米，一层是"生活中的优秀传统文化"体验区及世界儒学文献收藏中心，二层是"孔子与儒家思想"，三层是儒学发展史及其在海外的传播。

总之，孔子研究院在对儒家思想的传承和发扬等方面起到了举足轻重的作用，是如今儒学研究的标杆。

彭门創作室

PengMen Studio

中國孔子網

传统文化研学基地